江戸東京の噂話

「こんな晩」から「口裂け女」まで

野村純一 著

大修館書店

江戸東京の噂話　「こんな晩」から「口裂け女」まで　目次

3章　再生される噂

4章　変貌する都市型妖怪

章扉影絵　丘　光世

はじめに

たとえばの話だが、かつての日、鏡花や荷風の描いた東京の〝下町〟こと、いわゆる「本所・深川」とは、いったい何であったのだろうか。いまひとつよく判らない。いまだに訝《いぶか》しく思われて仕方がないところがある。

それというのも、ひょっとすると彼等はかの〝下町〟一帯をあらかじめ、「異文化の町」とでも決め込んで、あるいはそのように見立てた上で、一定のスタンスのもと、ひとえに自分たちなりの文学世界の構築や達成を目途《もくと》したのではなかろうか。何故なら『深川浅景』『深川の唄』といった作品をみる限り、そこでの〝下町〟は、今に江戸情緒の色濃く残る処というよりは、むしろ最初から〝山ノ手〟とはまったく異なる「川向こう」、もしくは「橋向こう」に在る異風、異端の地、要は「異文化の町」として捉えられていたとしか読み取れないからである。

しかして、実際ははたしてどうであろうか。なるほど、いったんその地に赴けば、地勢からしてもそこは〝山ノ手〟の台地とはずい分違う。だいいち、有名無名を問わず〝下町〟には、およそ坂らしい坂はほとんどない。何処まで行っても平坦で、行き着く処、右に左に画然とした掘割が走っている。水は淀んでいて、しかもそれでいて潮の満ち引きにはそのまま応じてくる。周辺の家の軒は低く、ひとびとの声は荒く、きつい。浜方、蔵方、木場の言葉が飛び交う。一事が万事そうで、風俗や習慣、生業、そしてそこからもたらされる人情とか心意気は全然違う。教育よりは躾《しつけ》、知識よりは技能、カリキュラムよりは年季を重んずる風潮は著しく強い。序《つい》でにいえば、現在もそこには大学らしい大学は見当たらず、これがためか名の通った古書店は一軒もない。貸本屋の町だったからであろう。こうした、いかにも雑多な〝町〟の光景を目撃した散人荷風は「一個の逸民《いつみん》」(『断腸亭日乗』)としての立場から、それもよそから訪れきたった者の目をもって描いていた。正しくは傍《はた》から一片の同情の念をもって追懐、回顧したといえばよい。

もちろん文学史の上からすれば、それはそれでたしかにそれなりの効果を挙げていた。成功を収めたとしてよいかも知れない。早い話、彼等の意図した「川向こう」「橋向こう」は今も健在で、近代文学の〝下町〟は相応に定着しているからにほかならない。これが証拠に、きょう今日《こんにち》、外からの人は相変わらず連れ立って「本所・深川」を窺いにやってくる。江戸東京名所案内を手に、三々五々、休日ともなればなおのこと平成の「逸民」よろしく、おそらくは〝異文化としての下町〟をとつおいつたしかめに足を運んでくるからである。

そこで改めて目を遣るに、かつて彼等の描いた〝下町〟は、過去にも実際そこに存在したのだろうか。もしそうだとすれば、それはいったい何処にどのようにして確認し得るのだろう。

「川向こう」「橋向こう」は、事実それ程に異色の生活空間であり、かつまた川を挟んでの土地柄ゆえ、その地はかなり異質でしかも完結した独自の世間や暮らしを営んでいたのだろうか。そのように考えると、これはいささか疑わしい。訝しさは相変わらず募る一方である。

思うに、実態はそうではなくして〝下町〟とは、むしろこうした町家《まちや》のひとびとと、片やまるで身分の違う大名たちがそこに屋敷を構え、その上で双方が互いに混在していたところに特色があったのではなかろうか。それのみならず、その間に在って、すでに市中で商いに成功した富商が住み、さらには寺格の高い寺が築地を連ねて〝寺町〟を形成していた。要は、身分に沿って自ずと住み分けのなされていた〝山ノ手〟とは対照的に、こちらは貧富の差の著しい、いわば何でもありの土地であったのである。これからして、「川向こう」「橋向こう」の地一帯は、大川を挟んでの隔離感や疎外感とは別に、実は小名木川《おなぎがわ》を中心に、縦横に通じる水路を生かして、多くの舟の往来による活発な流通がなされ、勢い、活力に富んだ商いの場所として殷《いん》賑《しん》を極めていたことが判ろう。「本所・深川」が〝水の町〟と称された所以は、それが単に景観としての土地柄を特徴付けただけでなく、水運の発達に伴う物資の集積地、さらには保管庫としての蔵地の形成を促したからにあった。そして、この特性はそのまま現在に持ちきたされ、現実ここは今もなお巨大な倉庫群と、昼夜を分かたず頻繁に出入りする大型トラックの散集する処として、基本的に少しも変わるところはなかったのである。

こうしてみると、そもそもが「本所・深川」界隈とは、鏡花、荷風の筆の向く先とはかなり実態を異にしていたようである。人々の暮らしの発信源として、時々刻々、すこぶる光彩陸離としていたはずである。そこで、ここでは、こうした町筋を積極的に縫い歩いていた町場の話、つまりは街談《がいだん》、巷説《こうせつ》、町の噂話ともいうべきものを俎上に載せた。具体的には〝下町〟を舞台にした、一つの〝物語世界〟だといってもよい。名付けて〝江戸東京の噂話〟とした。

さて、その際、ひと言申し添えておきたい。この間時空を超えて、さまざまな噂が生まれ変容し、そして再生していくが、それらの噂の中には、不当な偏見や差別意識、或いは特定のものに向けた悪意の底流しているものがある。ここで取り上げる噂話の中にはそうしたものもあるが、筆者の意図は、噂の背景を知り、話の構造に迫ることで、偏見や差別を克服するところにある。読者の方々のご賢察を賜りたいと思う。

1章

幸せを招く若者たち

江戸っ子桃太郎

〝江戸っ子桃太郎〟の誕生

東京の地下鉄が、隅田川の河底をはじめて潜り抜けたのは、一九六〇年（昭和三十五年）十二月四日であった。都営浅草線の浅草、本所吾妻橋間がそうである。爾来《じらい》今日に至るまで、都合八か所で大川の下を通っている。これによって、その都度都心に向かう人の流れは変わり、隅田川両岸の町の風景も一変した。「本所・深川」にあってのそれは格別激しい。わけても、地下鉄清澄白河駅近辺は、大江戸線とそれに続く半蔵門線の乗り入れによって、この辺りでも最も大きな変化をきたした地域である。新築マンションが林立し、人の出入りは急増した。〝下町〟再生の一番手になった。

ところが、地下にその駅の入っている建物の八階の部屋に、戦前戦後を通じておよそ七十余年、始終変わらず、きょう今日《こんにち》まで「桃太郎」一筋で過ごしてきた人がいる。齢《よわい》、重ねて百二歳。「桃太郎資料館」の当主、小久保桃江さん（一九〇二年〈明治三十五年〉七月十日生）がそうである。翁は、岡山県川上郡備中町東油谷の出身。旧姓小川。二十一歳で上京し、学業を終えた後、深川の地に居住した。当時、辺りには生活困窮者が蝟集し、伴って、非行に走る子どもが少なくなかった。これを見て小久保さんは、一九三七年〈昭和十二年〉「大日本桃太郎少年団」を結成、さきがけて地域の福祉と児童の救済に乗り出した。活動は戦後も引き続き、一九四八年には「深川区少年少女日本連合会」を主催、常に視線を足元に据えて弱者に意を注いできた。

桃江さんはそれとともに、故郷岡山を舞台とする話の主人公「桃太郎」の進取、向日性に共感して、久しくこれを人生訓としてきた。その間「桃太郎」にかかわるあらゆる資料の収集と整理に着手し、漸次この種のコレクターとして知られるようになった。所蔵資料の中、殊に目を引くのは『桃太郎絵巻』である。作者不詳、上、下二巻の巻子《かんす》仕立て、江戸後期の作と目される。詞書《ことばがき》を備える。詳細は他に譲るが、この絵巻の特徴は冒頭の話の展開部にある。具体的には、現今広くに知られる「桃太郎」話の発端は、まず川上から大きな桃が「ドンブリコ、ドンブリコ」とか「ドンブリコッコ、スッコッコ」と流れてくる。明治・大正期に一世を風靡した巖谷《いわや》小波《さざなみ》の『日本昔噺』（一八九四年〈明治二十七年〉七月）の第一巻を飾った「桃太郎」

もそうであった。

しかし『桃太郎絵巻』では、流れて来たのはごく並の大きさの桃であった。すなわち、この場合話の筋立ては、

のどかな春の日、川で洗濯をしていた婆さんが、目ざとくこれを拾い上げて早速一人で頂戴した。すると意外や意外、何とその場で立ち所に若返ってしまった。まるで川辺の美女といった風情である。おそらくは、川上の仙郷から流れてきた天界の贈り物として、桃の実の効力を説くのであろう。

一方、薪を背負って山から下りて来た爺さんはこれを見て吃驚仰天し、自分も負けずに残りを口にする。不思議にもこちらも効果覿面《てきめん》、忽《たちま》ち若者に変身した。


都立中央図書館蔵『桃太郎一代記』には、この場面の挿絵に「わしもこのやうに　わかやきまして　これては子もてきそうなものた」と、わざわざ書き添えている。事実、やがて懐妊した変若《お》ち返り妻には、その後めでたくも大きな男の子が誕生した。江戸版「桃太郎」の誕生である。

その際、いま仮にもこうした筋書きの話が、一、二本に限られるならさほど問題はない。当時、たれかの賢《さか》しらによる江戸創出の新説「桃太郎」であったかも知れないからである。しかるにこの手の絵巻は、ほかに江戸後期の画家黙庵にも同じ向きの作品がある。今日までにおおよそ十余点が確認されている。中でも四国は高松市歴史資料館蔵、旧三井家の絵画は巻末に「右一巻應需而畫　文化十一甲戌九月　高嵩《スウ》渓」と記され、落款がある。事情を窺うに、おそらくはこのとき、三井家には男子の出生があったか、あるいはその子の初節供を迎えるに当って、この『絵巻』を発注したのに違いない。そうだとすれば『桃太郎絵巻』の成立を考える上で、右一条はちょっと見過ごせないシグナルを発しているかのように思われる。

お宝『桃太郎絵巻』の機能

文言通り、もしも三井家が男の子の誕生、もしくはその子の初節供を祝って「桃太郎」絵を注文したとなれば、現存する『桃太郎絵巻』に対しては、今までにない面白い話題が提供されてくるようである。前提として太田昌子はこれを説いて、赤本や草双紙の「桃太郎」と違って、この手の『桃太郎絵巻』は「おおむね上層階級の注文に応えて絵師が直接に腕を揮った一点ものの絵画作品」（「江戸の桃太郎イメージ」二〇〇三年三月）と述べ、その上でそれらは大

き く英《はなぶさ》「一蝶系」と、狩野栄信等の「狩野系」との二派に分別し得るとしている。前述三井家旧蔵絵巻の場合を例にとっても、そこでの指摘には説得力があると思われる。

しかし、同時にここが『桃太郎絵巻』の難しさであって、今後なおいくつかの論議が生じてくると予想される。たとえば、仮にこれが太田の言う通り「おおむねは上層階級の注文」に応じた作品であったとしても、それではそのときの彼等は何故に競って「桃太郎」を描かせたのだろうか。求めて、何故「桃太郎」でなければならなかったのか。ここがまず問われなければならない。〝特注桃太郎たち〟の持つ意味である。寄せられた期待の中身だとしてもよい。いうなれば、これこそが「桃太郎イメージ」の担っていた本貫であったかと察せられよう。

そこで改めて『絵巻』の筋書を検証するに、発端はまず「桃の実」にもとづく、老翁老媼の変若《お》ち返り、すなわち回生に伴う妻の懐妊と男の子の出生。その子の無事息災な成育、のみならず「大人顔負けの力持ち」といった刮目《かつもく》すべき怪童振り、やがてそれに続く出世間、つまり旅出ちと危難との遭遇、具体的には「鬼」との遭遇とこれの克服、要は「鬼退治」といった、こうした事変や事柄がそれぞれここでのキー・ワードになっていた。これに間違いはないはずである。したがって、話の要諦《ようてい》は紛れもなく、主人公による「鬼退治、鬼調伏」が基調であって、それ以外の何者でもない。一言添えれば、その際無視し難いのはやはり、話の冒頭に用意された「桃の実」であった。これなくして主人公「桃太郎」の名義は成立しなかったからである。これを要するに、一連の『桃太郎絵巻』の骨子は、原点に「桃の実」を擁するところの、桃の呪力、桃の霊威に加護された男の子の鬼放逐、鬼駆逐といった点に主眼があったと見做されよう。『絵巻』は個々に、どうやら自家版追儺《ついな》としての機能を約束されていたのである。これからして、それらはいずれ「上層階級」のお家重代のお宝、あるいは呪宝、呪具としての役割を期待され、事実担っていたものと考えられる。

そうした意味からも先述太田の一文は時宜を得た発言であった。それはそれでよい。ただし、そこでの幼児の無事と家内安全、つまり外から窺い入ろうとする、よこしまな鬼たちの逃散、調伏を願うのはもちろん、決して「おおむね上層階級」に限られるわけではなかった。むしろそれよりは「赤本や草双紙」に親しむ庶民層にこそ、一層多くの需要や要望があったはずで、江戸市中における流通を見る限り、事『桃太郎絵巻』に関しては、併せてこちらの面にも注意を払わなければならないと思われる。それというのも、江戸下町のひとびとに向けては、いっとき、浅草の淡島椿岳《あわしまちんがく》がしきりに「桃太郎」絵を描き、事実、不特定多数の要請に応えて、大いに人気を博していたからである。

もっともいまどき、突然淡島椿岳といっても、知る人はほとんどいないのではなかろうか。

そこで、明治の文人淡島寒月の父親だといえば、ここでようやく回路が繋がってくるかも知れない。いずれにしても、その人についての深追いは措《お》いておく。それでも成り行き上、参考までに少々記せば、椿岳は、一八二三年（文政六年）、武蔵川越在小ヶ谷村生まれ。長じて江戸に出て、馬喰町の名物軽焼屋淡島家の養子に入る。後、画家大西椿年、ならびにその師匠であった谷文晁《たにぶんちょう》に師事した。一八七〇年（明治三年）、浅草伝法院の仁王院の二階に住み、書画骨董に詳しい住職唯我僧正と親交があった。一八七四、五年（明治七、八年）本堂左にあった淡島堂に移る。参詣人相手に泥絵具で描いた絵を入口にぶら下げて売り、評判を呼んだ。一八八九年（明治二十二年）九月二十二日没。

　ちなみに、いまここに示すのは外題紙に『椿岳桃太郎鬼退治絵巻』とある。四メートル余。箱書には「淡島椿

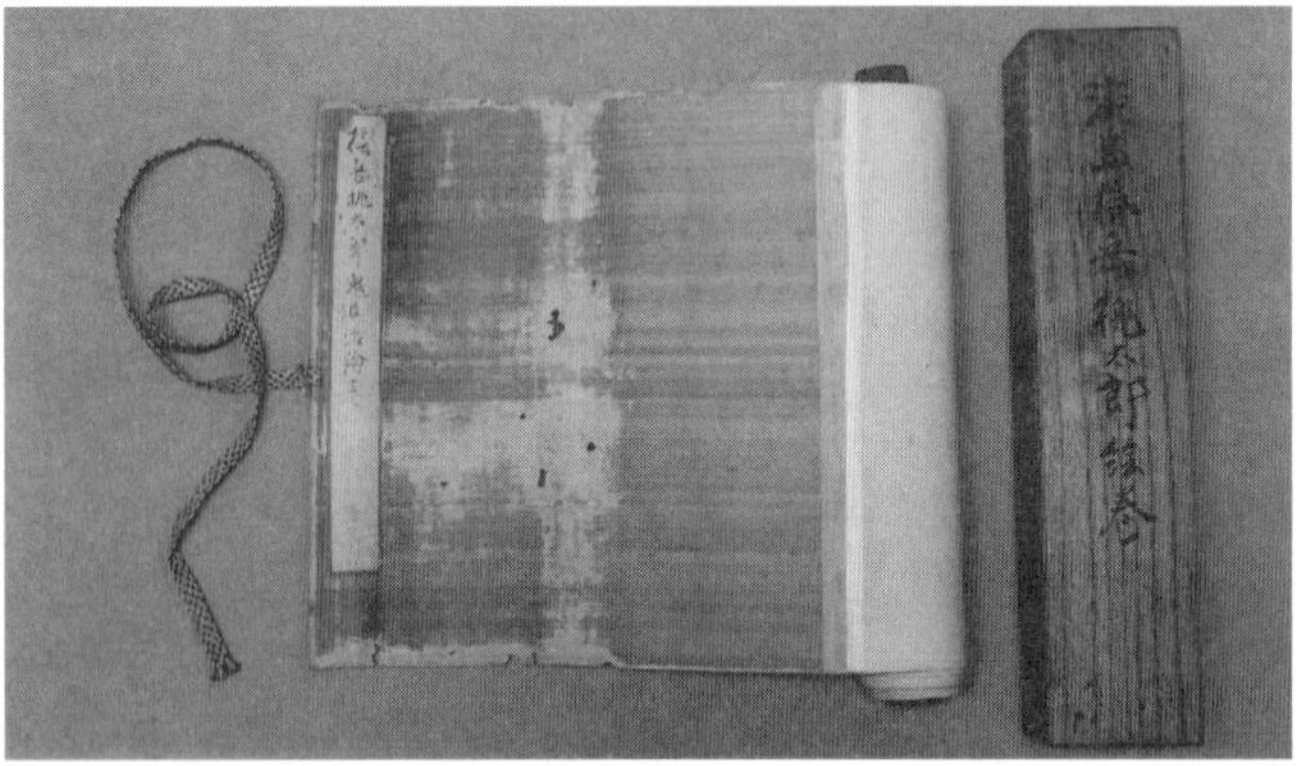

『椿岳桃太郎鬼退治絵巻』（左頁は鬼退治の部分。個人蔵）

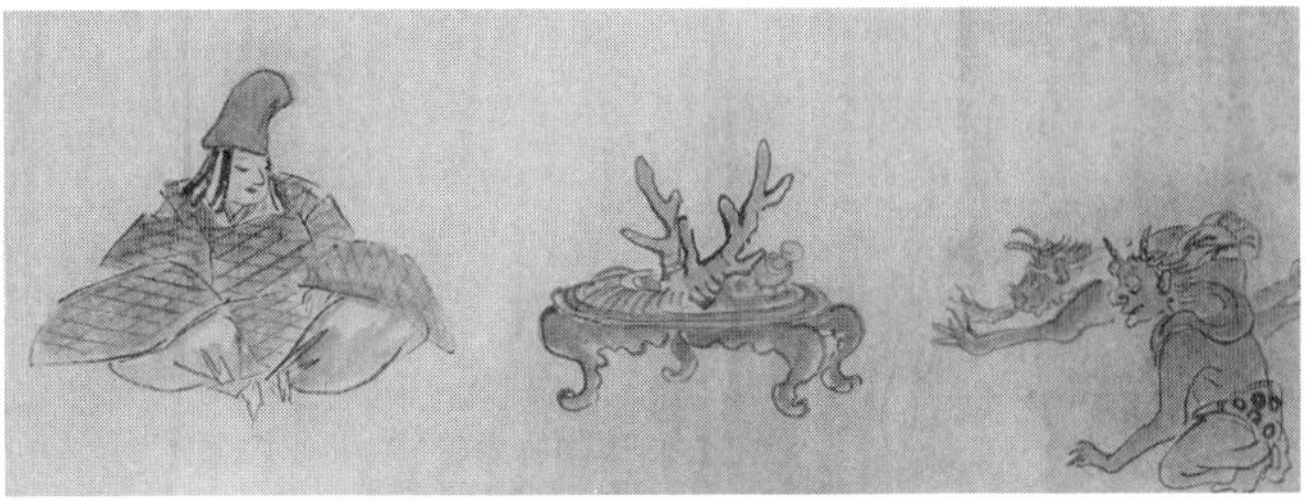

岳桃太郎絵巻」とし、裏書に「椿岳本名吉兵□□奇人なり旧姓小林氏　浅草淡島堂の傍に住み南平堂吉梵と号　世称して江戸大津絵と云ふなり」とある。一瞥、筆致からしても才にまかせて一気に仕上げたかの感がある。ただ、ここに注意すべきは、この画題の「桃太郎」は、あくまでもそこでの「鬼退治」の場面に焦点の絞られているところにある。「降魔、鬼調伏」を目的とする作品であった。こうした在りようからみて、およそ「上層階級の注文」には程遠く、一般参詣人相手の椿岳「江戸大津絵」にあってさえも、そこに期待されたのは、まずは「下町の追儺」としての機能発揚であったのは、充分予想されるのであった。

拮抗する「桃太郎・金太郎」

「江戸大津絵」と異称された淡島椿岳の画は、ほかに「浅草絵」とも呼ばれた。寺の参詣人を仲介に広く出回ったのであろう。その名からして、土産物として不特定多数の人相手に量産されたと思われる。いずれも安手の泥絵具仕立ての作品である。才人椿岳は、これによってひっとき糊口をしのいだのかも知れない。しかし、こうした描き手と需要者との関係は、いつも長続きするわけはない。経済原理からしても、大量に生産された商品は、大量に流通した挙げ句、大量に消費されて姿を消す運命にある。「浅草絵」の「桃太郎」も例外ではなかった。きよう今日《こんにち》『淡島椿岳桃太郎』の残巻が、ごく限られているのは、おそらくはその辺りに原因があったのであろう。

それはともかくも、評判を呼んだ椿岳の作品が凋落したからといって、これとともに市中の桃太郎人気がすべてにわたって退潮、凋落したのでは決してない。「絵巻」に前後して急成長をきたした江戸前の「怪童桃太郎」は、その頃はもう、すでに先行する「力持ち」、足柄山の金時こと「金太郎」に追い付き、遂にはこれに併存して持て囃されるようになっていた。その結果、二人はしばしば対等、もしくは互角の立場を披露しつつ、ひとびとの目を楽しませる成り行きになった。その様子は大阪の浮世絵によって、幾通りも示すことができる。

格別画趣に富む絵柄として、この二人の取り合わせがひとびとの趣向に投じたのは、一人が色白の新進「桃太郎」、対するに片やお馴染みの「金太郎」、しかもそれぞれが大きな「桃」と、他方周知の「丸金」印の腹掛けをして、両者懸命に取り組むという、すこぶる付きの対照の妙が歓迎されたからに相違ない。画面からしても至極単純素朴な赤・白の予祝とそこでの調和が計られていると判断し得る。見て果報の一幅であったのである。ただ、この際少々気になるのは、ひとたび土俵上に拮抗する「紅・白」の予定調和は、単にそれだけの祝意と人気に留まるのであろうか、とする発問である。

そうなると、事はさほど単純ではあるまい。たとえば、この画図の場合、ここでの彼等はともにいったい何を発信し、同時にまた、これの愛好者、受容者はそこでいつに何を享受していたのかという話題である。絵画はいたずらに飾って美しく、画面は見透してひとえに面白ければよいというものではあるまい。ひとは常に描き手とその作品に何を期待したかということである。とすれば、二人の太郎の背景、あるいはその背後には当然、彼等の出自と来歴、つまり二人がそれぞれに背負ってきた由緒と歴史とが控えていなければなるまい。「太郎」の背後に潜在して深く、かつ重く引き摺っているはずの履歴書である。

そしてもしも、その問いに応えるとなれば、答えは自ずと明らかであって、画像の二人が顕在化し、かつ代表しているのは「海」と「山」、具体的にはすなわち、この宇宙、この世界を大きく二分する「水（桃）」と「山（金時）」といった

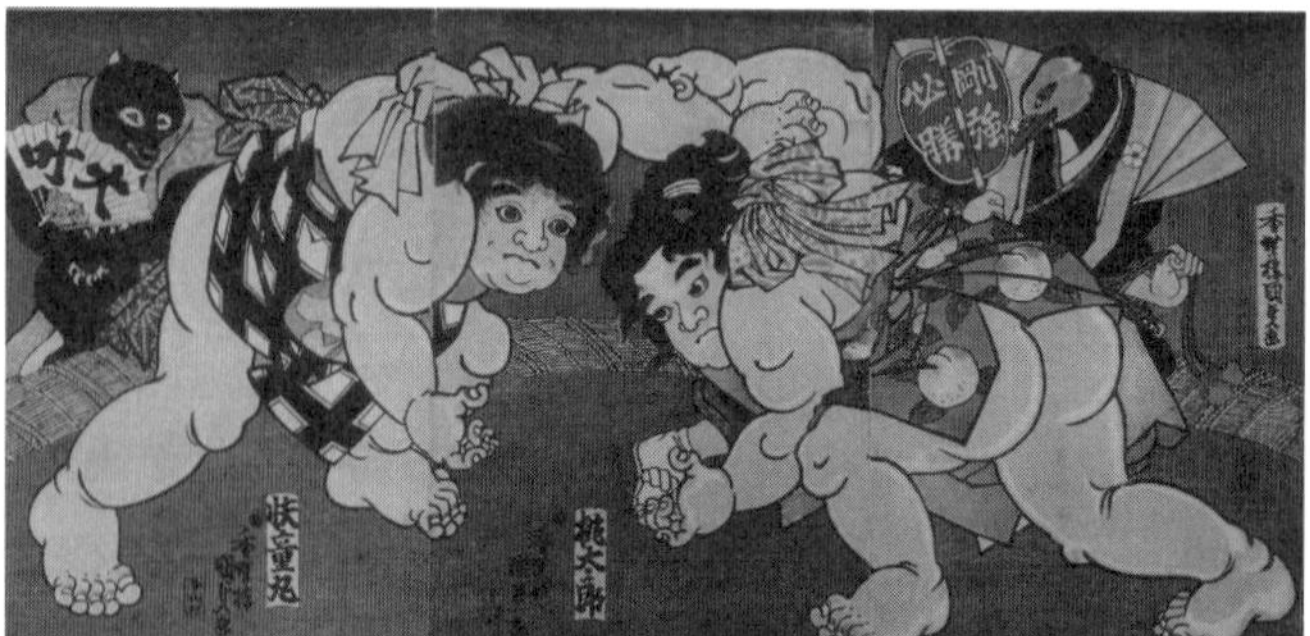

香蝶楼国貞画「桃太郎と金太郎」（個人蔵）

発想ではなかっただろうか。したがって、二人が現に土俵上雌雄を決することなく、程よくがっぷり四つになって力を競っている間は、この世は無事泰平、江戸の町は「太郎の予定調和」通りに安穏逸楽、めでたしめでたしといった仕掛けにあったと理解し得るのである。

　物語の世界にあって、このようにときどきの世を代表する英雄や豪傑が、各自の出生地、あるいはその土地の霊威というか霊力を帯びて、勇躍晴れの舞台に登壇してくるのは〝話の民俗《フォーク》学《ロア》〟にあってはしばしば認められる事態であった。約束事の一つだとしてもよい。少し古い例になるが『義経記』巻四「義経都落の事」の中で、北国に落ちて行く義経は、殊に選んで二人の屈強な「力持ち」に己が身を委ねた。そのとき、義経は武蔵坊弁慶に向かっては「御辺は比叡の山育ちの者」と言い、もう一人の常陸坊海尊に寄せては「近江のみづ海にて、小舟などにてこそ調練したり」と言って、これを称揚していた。海山を代表する二人の力を信じたのである。否、二人を生み出した背後の力を信じていたのである。これからして、江戸の「桃太郎・金太郎」は溯《さかのぼ》っていえば、ゆくりなくもかの「海彦・山彦」の系譜にあったものと見立てて然《しか》るべきであったかと考えられる。

疫神退散の寝物語

絵巻に描かれた〝江戸っ子桃太郎〟は、幼童の頃から大人たちを凌《しの》ぐほどの力持ちであった。人前で大きな石を頭上に差し上げている。はやばやと一丁前の若者としての面目を示していた。このように、一人前の成人男子としての資格を問うために、試練に用いられる石を〝力石〟といった。以前は、村や町ごとにあったが、今では寺や神社の境内、あるいは村境に寄せ集めて保存している処が多い。

『桃太郎一代記』は、この場面を説いて「これはきついものじゃ　きん太郎かもも太郎かというものじゃ」と記した後、「としをとったら　せきとりというものさ」とし、その上で「たにかぜととらせてみたい」と、叶わぬ夢を添えていた。

ここにいう「たにかぜ」は第四代横綱、谷風梶之助のこと。郷里の仙台では「わしが国さで見せたいものは　むかし谷風　いま伊達模様」とうたわれた名力士である。一七六八年（明和五年）江戸に出て、やがて大阪相撲出身の第五代横綱、小野川喜三郎とともに寛政の相撲人気を二分した。

ところが、一七九五年（寛政七年）一月九日、当時市中で大流行した悪性の風邪がもとで、現役のままで急逝した。四十五歳であった。人格高潔、しかも怪力無双の名横綱の突然の死に動転したひとびとは、折から猛威を振るうこの悪疫を「タニカゼ」と呼んで戦《おのの》いた。

　何故、そのような成り行きになったのだろうか。おそらく、このときの「タニカゼ」からは「タマカゼ」、つまりはそのまま「霊《たま》・魂」の語を引き出す響きが感じられ、そこからさらに祟《たた》りの凄まじい「霊魂風」、要は病魔疫病の風邪に結び付いたのであろう。言葉の上での感染呪術である。そこでいったん、この「タニカゼ」に遭遇するや、わが家のいとし子は忽ちあの世に連れ去られてしまうと、親たちは恐れたに違いない。それからして、さきに引いた「としをとったら　せきとりというものさ」の一条には、「関取り」と「咳取り」、続く「たにかぜ」には「谷風」と「風邪」の含意のあった事実を知らなければならない。

　このような「せきとり」は、「関取り」に併せて「咳取り」にも通じるといった語呂合わせ、いわばこの種の呪的な転用は江戸の町ではしばしば行われるものであった。よく知られる例として、歌聖柿本人麻呂の肖像画を柱や壁に貼って、「ヒトマル」から「火止る」を引き出し、防火、類焼、延焼の護符にした。また「ヒトマル」を「人生る」に読み直した上で、安産祈願の祈禱符にした。

　まだある。下町のひとびとが好んで出掛ける亀戸天神では、道真公の命日に当る二十五日、わけても早春二月には「菜種御供《ごく》」が催される。この日、参拝者は社殿の前に設けられた水盤に菜の花を供える。この習いは、命日に同社を訪れたひとたちが道端や畑に咲く菜の花を摘んで、社前に献じたのが行事の始まりだという。しかし、事の発端は「菜種《なたね》」が、祟りの激しい道真公の霊を「なだめ」るからだと説かれている。

このようにして、護符や呪言、あるいは呪具によって、降りかかってくる荒ぶる霊（魂）を鎮圧、慰撫する。もしくはそれにもとづいて阻止して撃退する、こうした民間呪術は現在もしきりに行われるものであった。その意味では、ひときわ桃の呪力を強調する一連の『桃太郎絵巻』が、家々の子供たちの無事息災、悪病退散を祈念する呪宝、呪物、今でいう〃お宝〃として珍重され、かつそこでの機能を期待されたのは無理のないところであった。

江戸の戯作の流れを汲む小説家永井荷風の小品『伝通院《でんずういん》』には、「そもそも私に向つて、母親と乳母とが話す桃太郎」という一節が登場する。当時、小石川の高台にあった永井の家では、偏屈で病弱なこの男の子の成長を願って、母や乳母が夜ごと、明るく素直な「桃太郎」の

疱瘡よけの護符「源為朝」

物語を聞かせていたのであろう。

山の神の子、金太郎

金太郎の氏素姓

滅法力の強い男の子に感嘆して『桃太郎一代記』は「これはきついものじゃ　きん太郎かも桃太郎かというものじゃ」と記していた。何気なく読み過ごしそうな一節だが、ここは少々注意を要する。

力自慢に関する限り、その頃、庶民の間で人気抜群の怪童といえば「金太郎」というのが通り相場であった。事実、江戸のひとびとは「金太郎」こと坂田金時（公時）が大好きであった。

後の金太郎飴はともかくも「金時の火事見舞い」や「金時のしょうゆう炊き」「金時の棒ねじり」「金時豆」から「金時豇豆《ささげ》」「金時諸」、やがては「金時鯛」に及ぶまで、赤いものには何でも「金時」を被せた。こうした習いや風潮は地方にも波及するに至った。一つだけ例を挙げると、岩手県は遠野の郷土人形「ウサキン」こと「兎金時」がそうである。遠野土産として愛玩される花巻系の附馬牛《つくもうし》人形は、可愛い白兎の背に、胸に「金」印の全身真っ赤な男の子が乗っている。〝山の神の化身たる兎と遊ぶ金太郎〟というのが、この土人形の趣旨である。ほかに「山姥と熊金」もある。子どもの成長を願う素朴な民芸品として、山里遠野郷に似付かわしい小品といえよう。しかしこれとても元来は広くに潜在する、朱・赤といった色彩に強い力を期待したからに相違ない。

もしもそうだとするならば、そもそもが「金太郎」こと坂田金時のこの赤い色は、いったい何処からきたのであろうか。

金時の出生を説く文献『前太平記』は、足柄山中の老女に「是《これ》わが子也。而《しか》も父無し」とした上で「妾《しょう》かつて此山中に住む事、幾年《いくばくとし》と云《いう》事を知らず。一日此《この》嶺に出て寝《いね》たりしに、夢中に赤龍来《しゃくりゅうきた》りて妾に通ず、其《その》時雷鳴夥《おびただし》くして驚き覚めぬ。果して此子を孕《はら》めり。生れてより廿一年を歴《へ》たり」と語らせていた。母親が夢の中で異類の赤龍と交接したと訴えるのである。世にいう「異類婚姻譚」である。しかもここでは、同工の話として中国の『史記』にみえる漢の高祖の誕生譚を引き合いに出して述べられている。この点、日吉丸（豊臣秀吉）の誕生について、太閤伝説では母親が夢の中で日輪を飲み込んだと説くなど、ほかの英雄出生説話も同じ趣向にあった。

ただし「金太郎」の場合は、その後いつまでもお馴染みの「丸金印」の腹掛けをして、大きな鉞《まさかり》を肩に熊に跨《またが》って愛敬を振りまいていた。物おじしない無邪気さが、世の金太郎人気を支えていたに違いない。ただその際、この山の童子の周囲には、ほかに猪・猿・兎・狐・狸、さらには鶏等の描かれる場面が多い。これからしてそこにはどうやら『熊野の本地』からの影響、すなわち、山中に捨てられた聖童子と遊ぶというよりは、むしろそれを守護する山の動物たちといった印象が強い。

ところで、江戸も中期以降になると「金太郎」の対抗馬として「桃太郎」が急浮上してくる。「きん太郎かもも太郎か」の文言そのものである。現存する浮世絵にはこの手の図柄が少なくない。著名な絵に国貞改二代目豊国画「山姥　快童丸　桃太郎」（くもん子ども研究所蔵）や、渋谷区神宮前の太田記念美術館蔵の同類の作品がある。いずれも土俵上で「金太郎」「桃太郎」の力自慢の二人が互角に渡り合っていて、勝負はとてもつきそうにない。気になるのは、金太郎の傍らで「山姥」が様子をじっと見守っていることにある。これはいったい何事であろうか。

「山姥」あっての「金太郎」

「桃太郎」と相撲を取る「快童丸」こと「金太郎」の脇には、「山姥」が厳然と控えていた。これはどう見ても「金太郎」が有利である。黙っていても相手は当然割りを食う。横に強力な支援者が付いているのだから話にならない。

しかしその一方で、こうした図柄、構図には、「金太郎」自身の抱える弱みがそのまま明示されているような気がしてならない。理屈をいえば、「金太郎」は保護者が付き添って、ようやく「桃太郎」と互角に戦えると解釈できるからである。重ねて指摘するが、怪力童子「金太郎」の赤い身体は強い力とその出自を象徴していた。これを無視して「金太郎」の特性は云々できない。だが、その由緒、謂《いわ》れを説くに当たっては「一日此嶺に出て寝たりしに、夢中に赤龍来りて妾に通ず」と、その母親の語った言葉を避けて通るわけにはいかない。

つまり、「金太郎」は「金太郎」である限り、どこまで行っても「山姥」である、この母親を抜きには語れない。いや、ひょっとすると、最初にまずは「山姥」在りきが実態であって、次いでその子、山中の異童子が在ったとする、文献『前太平記』の記述が本筋であったように思われてくる。本来は「山姥」の物語であったのかも知れない。

そこで、この予測が成り立つかどうか、それを検証するべく、各地に点散する「金太郎」伝説を整理してみた。すると、おおよそ次のような事態が顕在化してきた。結論を先にいえば現今「金太郎」伝説を言挙げする処は、大きく三つのグループに分けることができる。

一、神奈川県足柄市・足柄下郡箱根町・足柄上郡開成町・津久井郡津久井町、及び静岡県御殿場市・駿東郡小山町を舞台とするもの。

二、長野県上水内郡中条村・北安曇郡八坂村・小県郡青木村・木曾郡南木曾町、さらに新潟県西頸城郡青海町、富山県上新川郡大沢野町を舞台とするもの。

三、愛知県宝飯郡小坂井町、京都市、福知山市、滋賀県坂田郡伊吹町、長浜市、さらに兵庫県川西市、西宮市を舞台とするもの。

そしてその他、この三グループを離れて、北は宮城県柴田郡村田町、西は岡山県勝田郡勝央町、島根県邑智郡石見町にそれぞれ孤立して存在するもの。

といった具合である。ただし、右に示した三グループには個々に著しい特徴があると判断してよい。すなわち「一」は、「金太郎」伝説の地として、そのまま機能していると認められる。いわば〝故郷の伝説は生きている〟と実感し得る要望が強いということである。これに対して「二」は、先行する「山姥」伝説のあとを追って、そこに「金太郎」が結び付いたとする印象が著しい。「山姥」の母性に「金太郎」が縋《すが》り付いたとでもいった傾きである。しかもその際、謡曲「山姥」をはじめとする文献からの影響は無視し難いものがある。次に「三」の場合は、位相をまったく異にする。ここでは「金太郎」というよりは、主として成人後の、いわば武将「坂田金時（公時）」を主人公とする話群であって、大江山の酒呑童子、要は「鬼」退治との関連で説かれていると見做してよい。「その他」の場合は、内容的にも区々《くく》としていて、今回はあえて採り上げない。こうした情況からして、当面話題の対象になるのは、主として「一」のグループに絞られてくる。

さて、その上でなお、現行の「金太郎」伝説にはやはり〝最初にまずは「山姥」在りき〟といった実態は免れないものであろうか。これが問題になる。手続き上、具体的に当たってみよう。参考資料として『金太郎伝説――謎ときと全国の伝承地ガイド――』（二〇〇〇年八月夢工房）所収の事例を用立ててみる。「伝説地をあるく」の冒頭、まず「足柄山の山姥」が出てくる。これは南足柄市地蔵堂の「三途河《しょうずか》の婆《ばば》」だという。ただし、同じ地蔵堂の「姥の腰掛け石」では次のようにいう。

地蔵堂の四万長者の娘、八重桐は坂田蔵人に嫁いで、後に地蔵堂の実家四万長者屋敷へもどり、金太郎を産みました。この八重桐は金太郎の母親で後に足柄山の山姥と呼ばれたのです。金太郎は長者屋敷の庭にあるたいこ石やかぶと石で遊んだり、近くの夕日の滝の滝壺で水遊びなどをして過ごしました。八重桐は、この石に腰掛けて滝で遊ぶ金太郎を待ったり、金時山へ遊びにいった金太郎の帰りを待ちつづけていたそうです。

また、足柄下郡箱根町の「姥子山の山姥と金太郎」や「金時手まり石」の条では、

金太郎が眼病になり親子で近くの姥子温泉に湯治していた後、この近くの宿り石に仮住まいをし、姥子まで通ったそうですが、その時に山姥が杉林を開墾し菜畑を耕したそうです。そして金太郎は山姥が菜畑を耕している間、この大石で手まりをして遊びながら待っていたそうです。

といい、続く「金時宿り石」「金時岩風呂」でも同工の話柄が紹介されている。さらに静岡県駿東郡小山町の「子迎・腰掛け石」では

坂田から山一つ越えた生土に、子迎という小字がある。そこは公時が金時山へ登った帰

りを、姥が迎えに出て待っていたと言い伝えられるところである。その時姥の腰掛けたという石が残っている。その石に上がるとたたりがあると称されてきた。

とし、ほかに「金時の爪切地蔵」「姥の腰掛石」など、いずれも「山姥」とその子「金太郎」の逸話といった趣で、母子の情愛を謳っているところに共通点がある。大勢として「山姥」の物語としての傾きはどれもこれも否み難い。

結局はこれがため、というわけではないが、結果としては成り行き上、たとえば「金太郎をもっと知ろう」の呼び掛けのもと、一九九七年（平成九年）八月、全国の金太郎伝承地のひとびとが参加して、神奈川県足柄市の市文化会館を中心に開催された「金太郎ファミリーの集い」は、ほとんど「山姥ファミリーの集い」といった雰囲気のもとに終了した。理由は、その際、各個に共通していたのは「山姥」が山の神として祀られていることであった。子育ての神「山姥」として信仰されていたのである。中にははっきりと「こもち山姥」と称する処もあった。紛れもなく、まずは最初に母神としての「山姥」が在り、ついで山中の異童子「金太郎」がいたのである。

これからして「金太郎」は依然として、乳離れできない存在であった。それを思えば、新たに頭角を現してきた凜々《りり》しい若者「桃太郎」に、席を譲らざるを得なかったのは、やはり時代の要請であったのかも知れない。

絵凧「山姥金時」

話の世界にみる限り、「金太郎」と「山姥」はいつも一緒で、両者はいかにも別れ難い。親離れが悪いのか、それとも母親の側が相も変わらず子どもを手放そうとしないのか。かの「桃太郎」家に比較して、こちらは養育にひどく手間取っている様子が窺える。父親不在の負担が大きかったのだろうか。いずれにしても、そうしたお家の事情は、つとに世間も承知していて、これ見よがしに大空高くこれを舞い上げていた。絵凧「山姥金時」の絵柄がそうである。

ここにみるように、伝統的な正月凧の絵柄として、従来圧倒的に人気のあったのは「金太郎(金時)」であった。「熊金時」「猿金時」「鯉金時」、そして「松金時」が好まれた。そこでこれを機会に、「絵凧」の「絵」について、やや異なった視点から話題を提供してみたい。

それというのも、今ここにいう「絵凧の〝絵〟」とは、断るまでもなく「字凧の〝字〟」と対《つい》をなしている。ただ一般にそこでの「絵凧」の「絵柄」はすこぶる多岐にわたり、のみならず色彩も鮮やかである。これに対して「字凧」の「字」は、「龍」の一文字に代表される場合が多い。私なども経験上そうであった。うちの「龍」が仲間と競い合って高く高く揚がると、胸躍らせて糸を手繰った。一番凧はいつでも男の子の勲章なのである。

一方、「字凧」の「字」には、ほかに「鶴」や「亀」さらには祝意をそのまま表して「寿」「祝」がある。「鶴」はともかくも、いかにめでたいとはいえ「亀」の一文字が悠然と天空に舞うのを思うと、なんとなくそぐわないような気がしてくる。しかし、庄内の地の酒田には亀そのものを造形した、まことに優美でしかも大振りの「亀凧」がある。澄んだ青空を大海原に見立てて、亀を泳がせるのであろう。まことに大胆な発想である。もしもそうだとすれば、この亀さんは大漁を祈願する浜の漁師の間から生まれたに違いない。揚げるひとたちの心意気を強く映し、併せて民俗とともに凧は空に在ると認識すべきである。そしてこの理解に間違いがなければ、「絵凧」の「絵」には当然もっと積極的な「絵解き」が必要であり、丹念な分析がなされなければならないはずであった。

ところが、早い話、いつまで経ってもそこがいま一つうまく行かなかった。凧の研究、わけても凧の民俗となると大抵は判で押したように、その土地での呼称、たとえばイカ・イカノボリ・ハタ・あるいはタカ・タツとかヨカンベ・ナンバン・カビトゥズ等、これの方言を尋ねだす類《たぐい》。あるいは、さきの「亀凧」にみられる如く、ほかに「扇」とか「蟬」「奴」、さらには

「こうもり」や「鳶」、変わったところでは「百足」「提燈」といった具合に、それの形状、形態というか、造形の在りようを求める類。その挙げ句最後には一括、これらに直接携る時機、季節に注意が向けられてきた。そしてこのことは、属目の事象として、この情景を丁寧に記した江戸末期の旅人、菅江真澄（一七五四年〜一八二九年）の場合も例外ではなかった。天明六年（一七八六年）四月、『はしわのわか葉』に彼は次のように記していた。

四日　童あまた、此地《ココ》に云《イ》ふ紙鳶《テンバタ》と方言《イフ》ものを、この紙老子《シラウシ》の糸曳《イトヒキ》あひ、ひこしらふ。時ならぬ凧巾《イカノボリ》やとおもへば、雄鹿の嶋なンどは七月十三日を始とし、秋田の久保田は極月《シハス》の末を初とし、三河ノ国ノ吉田は正月の末より始め五月の五日を止禁《ヲハリ》とし、五月五日を紙鵄節句《タコセク》といふ。うるまの国（琉球）は、十月《カミナヅキ》をはじめといふよし『琉球誌』に見えたり。河岸《キシ》に大桜の咲たる根《モト》に此天幡《テンバタ》てふもの、糸を引むすび、すまひなンどしてうち戯れあそぶ。

右は現在の岩手県東磐井郡大東町辺りの事例である。「時ならぬ凧巾や」の一言に、異郷における真澄の途惑いが率直に出ている。しかしそのあと雄（男）鹿の七月の例をはじめとして、凧揚げの時季は必ずしも正月を中心にするわけではなく、土地ごとに著しい差異のある習いを記している。客観的にいえば、彼はここでまたひとつ、くにぐにの慣行と風俗について新たな知見を得たのである。その上で、おそらくは意図しての表記であろう。「紙鳶」「凧巾」「紙鴟」「天幡」と書き分けながら、同時に「方言」も記していた。それだけではない。やがては自分の故郷三河の国の習いに言及し「五月五日を紙鴟節句」というと紹介している。改めて触れるまでもなく、三河、遠州一帯は今に及んで大掛かりな凧合戦の行われる土地として著名である。察するにこれを書いているときの真澄には、秘められたお国自慢の情があったに違いない。ただそれにも拘らず、残念にもここには「絵柄」に関しては何一つ触れていない。それがいささか物足りない。それというのも「絵凧の絵」に関してすれば、このとき、真澄が最も長く逗留した秋田県下には、いくつもの注意すべき「絵柄」があって、そこにこそ、〝凧の民俗〟ならぬ〝民俗の凧〟を見出すからにほかならない。たとえば、一九九五年（平成七年）には秋田県立博物館の企画展に「凧のいろいろ」があった。中でとりわけ目を惹いたのは「横手の凧」である。民俗色がすこぶる濃厚であった。

参考までに、そこでの「山姥金時」を示してみる。これにもとづいて、土地ごとにひとは何故凧とその「絵」柄にこだわり、かつ、民俗としてそれを強調する習いにあったのか。これについて触れてみたいと思う。さてそのとき、横手の「山姥金時」を見る限り、たれしもがその場で容易に気付くのではなかろうか。ご承知の通り、間違いなくこれは浮世絵の歌麿作「山姥金時」からの模倣、もしくは換骨奪胎である。それ以外の何者でもあるまい。ただこの場合、金時に鉞を担わせ、乳房を銜《くわ》えさせた点に、わずかに地元凧絵師の創意工夫を認めるか、どうかであろう。もっともその際、彼にはなお彼なりの言い分があって、左上の雲形にこそ本来の意義があるのだと訴えるかも知れない。しかし、それはともかくも、この絵に関してすれば、浮世絵に比較したときのそこでの類似性、あるいは手法上の道義性をこれ以上云々するのはあまり意味のあることにはなるまいと、私は判断している。

何故なら、ここでの話題の焦点は、見る通り、あくまでも横手の「山姥」にひどく強調される、いかにもアンバランスで巨大な乳房にあるからにほかならず、しかも彼女のそれは周囲を圧倒して巨大なるが故に、最早歌麿の筆に認められる芸術的で、しかも情感豊かなエロスの世

絵凧「山姥金時」

界は完全に払拭され、在るのはひとえに興醒めなほどに誇示された乳房、いうなれば、民俗の乳房としか言いようのない存在であったからである。そこで改めて思いを巡らすのだが、極端に破調著しく、しかもそれでいて、なお主張されなければならぬ「山姥」の乳房とは、その地にあって、そもそもがいったい何を意味し、かつ何を意図するのであったのだろうか。結果的にはやはりこのことが問われなければ、地元凧絵師の潜在する意思は理解し難いと思われるのであった。

山の神の恩恵

では、横手盆地にあっての「山姥」とは、はたして何者であったのか。総じて言えるのは、それは神聖な山の神であるとともに、加えて一つ、そこでの決定的な属性は、すべてにわたり〝過剰この上ない母性の持ち主〟とする考えである。彼女とはすなわち、近辺の山々を支配する女神にして、しかも強烈無比な母性、というよりはむしろ典型的な性《さが》としての女の性の持ち主であった。たとえば、彼女はひとたび男の肌に触れただけで、直ぐさま過激な反応を示すに及んだ。年に十二人の子を産む、あるいは一度に十二人の子をなすといわれ、常時大勢の子どもを擁していた。勢い、すこぶる旺盛な食欲、性欲を伴い、一向に満足しない。嫉妬心が強く、何事につけても欲が深い。同性は厭って強く排し、反面異性には過度の愛情を注ぎ、積極的、かつ熱烈であると伝えられていた。

それからしてこの種の彼女の属性は、一方に転じて、その豊満な乳房からは溢れ出る乳を無尽蔵に供給し、同時に大地への恵みとしては田畑の作物を盛大に扶育し、緑を繁らせて多大な恩恵をほどこし、常に豊かな実りをもたらすものであった。つまり、彼女は不思議な生産力の所有者であると同時に、いつも過激で危険な存在であったのである。そこでこれを要して、さきに一度、私は〝「山姥」の母性に「金太郎」が縋り付いていた〟と評したが、実はこのとき「縋り付い」ていたのは「金太郎」ではなくして、選んでこの絵柄の爪を横手の空に舞い上げる、その土地の農民たちであったはずである。したがって、そこでの爪絵師が忘れることなく左上に雲形を置いたのは、当然、これにもとづくところの雷、ついでこの雷雲から発せられる稲妻と、それに促される雷雨、いうなれば、その間に在る「絵爪」こそは、まさしく天と地の仲を取り持ち、両者の交合を約束して、大地に雨水の招来をもたらす、そうした機能を担うものとして期待されていたのである。いうなれば、稲妻とはまさしく稲夫《づま》にほかならず、空からもたらされる夫によって、地に在る稲はこれを受けて孕み、遂にはやがて豊穣の秋、実りの時を迎えるに至ると考えたのである。

それを思えば、たとえ江戸の町に「字凧」の「龍」が乱舞しようとも、その根源には同様に天からの水を求める思想が先行してあったと判断し得よう。

祝儀物としての『文正草紙』

正月の女の子の祝い

江戸初期、裕福な町家には、「草紙の読初《よみぞめ》」という新年の儀礼があった。正月二日の「書き初め」に次いで、女の子は『文正草紙《ぶんしょうぞうし》』を読んだ。柳亭種彦の随筆『用捨箱』（『日本随筆大成』13　吉川弘文館）は、「昔は正月吉書《かきぞめ》の次に、冊子《そうし》の読初とて、女子は文正草紙を読みしとなり。今もある大家《たいけ》にその古例残りてあり」と記している。

『文正草紙』は、室町以降に盛んに読まれた物語集「御伽文庫《おとぎ》」二十三編の冒頭に置かれた祝儀物である。常陸国の塩焼きの文太という男が、一代で栄耀《えいよう》栄華を極めた物語である。賤《せん》業《ぎょう》から一気に成り上がった内容が時代受けして、目玉商品になったのであろう。

話は「それ昔が今にいたるまで、めでたきことを聞き伝ふるに」「はじめより後までも、物憂きことなくめでたきは」と語り起こし、とどのつまりは「いずれも〳〵御命、百歳に余るまで保ち給《たま》ふぞめでたき。まづ〳〵めでたきことのはじめには、此《この》さうしを御覧じあるべく候」と結んでいた。町家の人々は、話の主人公にあやかれとばかりに、競って「読初」にこの物語を読んだものと思われる。そうだとすれば、売り手は実にしたたかな戦略を用いたことになる。

ただし、その際、ちょっと注意しておきたいのは、「読初」の「読」は、単に黙読するのではなく、おそらくは声をあげて、あるいは声をそろえて、朗々と読み上げたのだろうと思われることである。初春、大家の奥座敷を舞台に、着飾った子女たちが朗々と「めでたし、めでたし」と言葉を発すれば、四海波静かに、諸事万端、今年も思い通りに事が運ぶに違いなかった。それをあらかじめ祝ったのである。

『文正草紙』に関しては、もう一つ見逃せない面があった。

主人公の文太は、裕福になっても子宝に恵まれなかった。思いあぐねて鹿島明神に祈念した。そのかいあって、妻は齢《よわい》四十にして懐妊した。彼は早速「八か国にすぐれたる、男子を生み給へ」と望む。

ところが、十月を経て妻は「いつくしき姫」を産んだ。「約束申せし甲斐もなく、女を生みたることよ」と嘆く夫に向かって、周囲の女たちはその時、「人の子に姫君こそ、末繁盛してめでたき御ことにて候へ」とのお祝いの言葉でとりなした。それだけではない。「又次の年も、なほ光るほどの姫御前をまうけける」という有様であった。こうしてみると、ひとえに男の子を重んずる武家とは違って、商家には商家でおのずと別の考えがあったのである。

声に出して読まれた祝儀物

新春の「草紙の読初《よみぞめ》」で用いられたのは、『文正草紙』だけではなかった。物語『鶴亀松竹』（『室町時代物語集』第五）という作品も同じように読まれた。その結末には

か丶るめでたき、さうしなれば、まつ、正月のよみはしめに、此《この》さうしをよみ、国に大みやうしんと、いわ丶れ、きせんくんしゆを、なしにけるなり

という文言があって、やはり同じ目的で「正月のよみはしめ」に用いられたことが分かる。内容はごく簡単で、さしたる筋立てもなく、単に鶴亀の長寿をたたえ、薬草である枸杞《くこ》の効用を説くにとどまる。その意味で、独立した一篇《いっぺん》の物語としては、『文正草紙』に比べるまでもない。だが、この作品は文中に、

いく千代と、いはふ木するゑの、ひなつるの、そたつをみれは、かきりしられす
いわね山、いはねにをふる、松竹の、おひそふまゝに、するゑひさしかれ

といった祝賀の歌や、また、

亀も、万さいらくを、まひけれは、鶴も、八千世のためしに、千秋らくをそ、まひにける

といった言葉が随所にちりばめられている。これには注意を要する。それというのも、もともと、新春の「読初」を目当てに、後につくられた新手のテキストではなかったかと考えられるからである。

思えば、以前から流通していた『文正草紙』が、その内容に注目されて、いつしか祝儀物に引き上げられ、ついには不動の地位を占めるに至った。いつの時代でも世間には広く〝よいテキストはよいビジネスになる〟という発想があるだろうから、おそらくここでも例外ではない。

『鶴亀松竹』はそうした風潮を横目に、当初から祝儀物を目的に意図的につくられた一篇だ

と考えることができる。そうだとしたら、右に示した一節は、明らかに正月の「よみはしめ」の席で、晴れ着に身を装った面々が襟を正し、声をそろえて朗々と吟じた部分だったはずである。

黙して内容を追う、つまり黙読するのと、声に出して「読み上げる」のとでは、本来の目的と機能はまったく違う。現在も、セレモニーの場では、必ず音声を発するのを求められるのは、いつもそのせいである。そういえば「御伽草子」に収められた『物くさ太郎』は、音読について、「毎日一度此さうしを読みて、人に聞かせん人は、財宝に飽き満ちて、幸い心にまかすべし」「めでたき事なか〳〵申すもおろかなり」と、ちゃんと付け加えていた。

2章

生まれ変わってきた子どもたち

「こんな晩」の変奏曲

漱石『夢十夜』の座頭殺し

「左日ケ窪、右堀田原」。こうした言葉が無造作に出てくるのは、夏目漱石の小説『夢十夜』の「第三夜」である。この道しるべが実際にあったのかどうかは判らない。しかし、刻印された地名を追いかけることはできる。

「日ケ窪」は、港区六本木五、六丁目。日ケ窪町は北と南に分かれていた。窪地《くぼち》のために日影を受けた。これが地名の由来である。

「堀田原」は、堀田相模守正亮《まさすけ》の屋敷地であった。台東区寿町一、三丁目から蔵前三、四丁目北部一帯にあたる。幕府編纂の地誌『御府内備考』はこの辺りを「広き原なり」としている。

もともと、江戸の町は坂と原っぱが多く、陰々たる話題を設けるには都合のいい地形が随所にあった。

「第三夜」の主人公の男は、そうした舞台設定のもと、「闇だのに赤い字が明かに見えた。赤い字は、井守《いもり》の腹のような色であった」と、道しるべの文字に不安を一層募らせる。

そうした状況のもとに、座頭殺しは演出された。

場面は次のように続く。男は「六つになる子供を負《おぶ》ってる。慥《たしか》に自分の子である。只《ただ》不思議な事には何時《いつ》の間にか眼が潰《つぶ》れて、青坊主になっている」。そこで男は「早く森へ行って捨て仕舞」おうと急ぐ。すると背中の子は「もう少し行くと解《わか》る。――丁度《ちょうど》こんな晩だったな」とひとりごちた。

そのうちに、男は自分でも何かを「知っている様な気がし出した」。はっきり分からないが、「只こんな晩であった様に」思えてきた。

さて、それからがすごい。

やがて盲目の子は「此処《ここ》だ、此処だ。丁度其《そ》の杉の根の処《ところ》だ」といって騒ぎ立てた。そればかりか、次にはかさにかかって「文化五年辰《たつ》年だろう」と問い詰めてくる。そういわれると、男は、なるほどと思った。最後に背中の子は「御前がおれを殺したのは今から丁度百年前だね」と言い放った。この言葉に、漱石は「こんな闇の晩に、此の杉の根で、一人の盲目を殺したと云う自覚が、忽然《こつぜん》として頭の中に起った」と主人公の男に述懐させている。話の筋は、以前に殺害された座頭が、今度は盲目の子として生まれ変わり、報復するというものだ。キー・ワードとして、「こんな晩」を重ねて使っている。

ただし、この話は実は全国区であって、決して漱石の専売特許ではない。いうなら、〝作品以前〟があったのである。

再生される「こんな晩」

〝座頭殺し〟を紹介した夏目漱石の『夢十夜』。地名はともかく、「文化五年辰年」という具合に時期を特定したのは、漱石のテクニックである。これによって、事件の信憑性を高めようとした。手のうちを明かせば、執筆時から数えてちょうど百年前は「文化五年戊辰《ぼしん》の年」だったからである。

しかし、作品の中に繰り返し使われる「こんな晩」は漱石のテクニックではない。この言葉は、作者の想像の域をはるかに超えて、以前から広い範囲にわたって、しかも秘かに取りざたされていた。いわば隠蔽された「話」であり、独立した一篇《いっぺん》の「話」であった。たとえば、雑誌「近畿民俗」第五十五号には次のような報告がある。

昔漁師がな、あんまさんにお金をかりたんや。返せん様になってな、夜釣に行こうと誘うた其《そ》の晩は、雨が降りそうな夜で釣をしている内にしょぼしょぼ雨が降りだして来た。そしてな、そのあんまさんを殺してしもたんや。なにくわん顔してそれから月日がすぎて子供が出来たんや。その子がおしっこやと云うたんで、かかえてさしてると、「おとっさん、こんな晩やったなー」返事をすると、子供がふりかえって「こんな顔やったなー」と云うと殺される時のうらめしそうなあんまの顔になったんや、びっくりして子供をほうり出したんや。悪い事は人が知らんでも恐ろしいこっちゃ。

この種の話は、なぜか日本海側に多く、「六部《ろくぶ》殺し」の名で伝えられてきた。ただし、近ごろはこのモチーフを借用し、巧みに再構成したうえで、若い女性の間で大いにはやっている。久保孝夫『女子高生が語る不思議な話』（一九九七年十一月　青森県文芸協会出版部）から類話を紹介しよう。

〔事例一〕友達から聞いた話です。当時、学生だった女の人に赤ちゃんが産まれて、育てていけないから湖に沈めたそうです。それから七年が経って、その人にまた子供ができて、その子が「湖に行きたい」と言ったので湖に行ってボートに乗ってたら、その子が「おしっこしたい」と言ったので、ボートの上からおしっこをさせたら「もう落とさないでね」と言ったそうです。

〔事例二〕友達に聞いた話です。あるお母さんが用事があって船で出かけることになり、三歳位の子供も一緒に連れて行きました。船が出発してから一時間位経った頃、子供が急に、「お外が見たい」と言いました。そのお母さんは、「危ないからダメ」と言ったけど何度も「見たい、見たい」と言い、ついに泣いてしまったため、お母さんが他の乗客の迷惑だと思い外へ連れて行きました。外は風が強かったためお母さんは子供の手をとても強くにぎりました。けれど子供の被っていた帽子が風に飛ばされてしまい、それを取りに行こうとしたお母さんが子供の手を放しました。その瞬間、子供は海に落ちてしまったのです。何年も経って、そのお母さんにまた子供が出来ました。その子が三歳の時、また船で出かけることになりました。その子も、一時間位経ってから、「お外が見たい」と言い、泣きはじめたので、しかたなく連れていくと、前と同じように風が強く、お母さんがとても強く手をにぎると、その子が「もう手を離さないでね」と言ったそうです。

〔事例三〕いとこに聞いた話です。ある日、男の子とお父さんとお母さんの三人家族が船に乗って旅行に行ったそうです。男の子はその旅行をとっても楽しみにしていたそうです。夜になって、男の子が一一時頃どうしてもトイレに行きたくなって、お母さんに言いました。「お母さん、トイレに行きたい」。すると、お母さんは、「外でしておいで」と言いました。ところが男の子は、何分経っても帰ってこなかったので外へ出て探しても見つからなかったそうです。それから数年経ってまたこの夫婦に男の子が出来ました。その男の子の両親はもう絶対船に乗らないと思ったそうです。しかし、やっぱりどうしても船に乗らないとダメになってしまい、結局また船に乗りました。そうしたら、また、男の子が一一時頃に「トイレに行きたい」と言ったので、今度は、お父さんもお母さんも両脇について外に行ったそうです。すると、男の子はこう言いました。「今度は、落ちないようにしっかり見ててね」その言葉を聞いて両親は大変おどろいたそうです。

どうしてどうして、達者なものである。漱石もさぞかし苦笑していることであろう。

幸せに生まれ変わった子ども

ラフカディオ・ハーンの『力《りき》ばか』

おそらくは、市ヶ谷富久町の高台にある家に住まいしていた時の話であろう。ラフカディオ・ハーンは、家の前の坂道を舞台に、いつも箒《ほうき》の柄を竹馬の代わりにして、上がったり下がったり大声を挙げて燥《はしや》ぐ男の子の存在にほとほと手を焼いていた。業を煮やした彼はとうとう仕舞いに「どこかよその遊び場を見つけなさい」と叱責した。すると、十六歳になる相手は「すなおにお辞儀をして、それから立ち去っていった。——悲しそうに、箒の柄をうしろに引きずりながら」と、ハーンは述懐している。

そうはいうものの、この男の子とそこでの出来事については、ハーン自身いつまでも気が差すところがあったようである。彼は『怪談』の「序」の末尾に、わざわざ次のような断りを入れていた。

「力ばか」の小事件は、わたくし自身の個人的な実際経験である。そして、わたくしは、これを聞かせてくれた日本の読者が口にした苗字呼び名を変更したのみで、そのほかは、見聞したままのことをほぼ正確に書きとめておいた。

と。ついでそのあと「一九〇四年一月二十日、日本、東京　L・H」と明記している。したがって、この話はハーンのごく「個人的な実際経験」として、彼自身の手で直接「書きとめ」られ、その上でそのまま今に伝えられたことが判る。これからしてその頃、つまり明治三十年代まで東京市中では、この種の「不思議な出来事」について、ひとはしばしば口の端にのぼせ、なお秘やかに取沙汰していた様子が窺える。それでなくして、どうしてハーンがこのことに深くこだわる必要があったであろうか。そして後に改めて触れるように同じような例は、江戸東京のみならず、広く各地に流布していたのを承知するに至るのであった。前置きが長くなった。ハーンの報告する中身は、次の通りである。彼はまずそのことについて、

その男の名は力《りき》といったが、これは「ちから」という意味をあらわしている。しかし、世間のひとびとは、かれのことを、うすのろの力《りき》、愚かな力《りき》――「力《りき》ばか」――と呼ん

だ。そのわけは、かれが、いつまでたっても子供の状態でいるように、生まれついていたからである。これと同じ理由によって、世間のひとびとは、かれにたいして親切であった。

と記した。その上で、男はやがて「背の高い、岩乗《がんじょう》な若者」になったものの「知能にかけては、かれは、いつまでも二歳ぐらいの頑是ない年齢のまま」「脳の病」のため間もなく死んでしまった、と述べている。

ハーンの住む近辺での話題の主、「力ばか」の生涯については、最早これ以上のことは何もない。諺に言う「人の噂も七十五日」の通り、普通なら不憫なこの男の存在は間もなく町内のひとびとの記憶からそのまま立ち消えてしまうはずであった。しかしこの場合、それでは話にならない。小説家ハーンがあえて一言したように、死後の「力ばか」を巡っては、やがて摩訶不思議なことが惹起するのであった。ハーンの筆は一人の老人の口を借りて、それを次のように語らせていた。

ところで、その不憫な力《りき》について、ある不思議な話がございましてな。

「力が死にましたとき、あれのおふくろが、力の左の手のひらに、『力ばか』とな、その名前を書いたんですな。そして、おふくろは、あの子のために、なんどもなんどもご祈禱を繰り返しました。――こんど、あの子が生まれ変わってくるときには、どうか、もっとしあわせな身分に生まれますように、というご祈禱をしたんですな。

ところが、およそ三ヶ月ほど前のことですが、麴町のなにがしさまと呼ばれるりっぱなお屋敷で、左の手のひらに字の書いてある男のお子さんが生まれたんですな。しかも、その字が、じつに明瞭に読めたんですよ。――『力ばか』とな！」

さて、ここでの筋書きはこのさき、小説というよりはむしろ〝世間に行われる話〟通りに進展する。男の子の誕生は、名の知れた家柄のお屋敷にとって、この上ない慶事であった。それにもかかわらず、その子の掌に『力ばか』と書かれていたとは、これはいったい何事であろうか。そこで、そのお屋敷では手を尽くして『力ばか』の埋葬されている善導寺を訊ね出し、寺に下男を遣わして『力』の墓の土を風呂敷に包んで持ち帰る段取りになった。かくして、そこでの結末はこうである。

「しかし、その土を何にするのかね？」わたくしは、そう質問した。

「ごもっともですな」と老人は答えた。「おわかりでしょうが、そんな名前が手に書いてあるまんまで、そのお子さんを育てるわけにはまいりませんからな。そして、そんなふうに、子どものからだにあらわれ出た字を消すのには、ほかに手だてがないのでございますよ。その手だてとは、その生まれた子の前世の肉体が埋葬されてある墓から取ってきた土で、その子の肌をこすらなければならない、というのでございますよ」

以上がそこでの老人の返答であったというのである。そして、それとともにこの老人の答えは、客観的にはそのままそこでの完結した〝話〟を構成する手段にもなっていた。その意味では、前後の余計な説明を一切省略した小説家ハーンの手際はまこと見事であったというよりほかない。何よりも、事件の立ち会い人、当事者をもってその委細を語らせていたからである。

ただし、そうかといってこれで「力ばか」を巡るこの「小事件」は、すべて終わりを告げたかとなると必ずしもそうではなかったようである。何故ならハーン自身はどこまで承知していたか知らないが、少なくとも彼の近辺にある町内のひとびとにとって、それはおそらく、しばしば噂される話の一つに過ぎなかったと思われるからである。つまり彼等にとっては、当の

「力ばか」もその種の文脈の中の一つであったに違いなかったからである。

滝沢馬琴の「変生男子《へんじょうなんし》」

ラフカディオ・ハーンは、『力《りき》ばか』を巡る不思議な出来事は「わたくし自身の個人的な実際経験」にもとづく話だと、世に問うた。明治三十年代のことである。

しかるに遡ってそれよりも八十数年前、同じようにこの種の話に向けて頻りに注意を払っていた作家がいた。滝沢馬琴がそうである。具体的には彼の『兎園小説』（『日本随筆大成』1 一九七三年十一月　吉川弘文館）に「変生男子」が載っている。文政二年（一八一九年）四月に記されている。

「神田和泉橋通りにすめる経師屋の隠居善八といふ者」が、上方に旅をした。途中でこれも一人旅の十五、六歳の娘に出会う。娘は急の病で倒れる。善八はこれを介抱して、勢州津の実家まで送り届けてやる。後、しばらく逗留して、帰ることになる。去り際に「懐中の守りに入れ置きし浅草観世音の御影を取り出し」、娘に進上して文政元年四月、江戸に帰って来た。その「留守中に新婦《ヨメ》懐胎にて男子出生し、則善八帰宅の日、七夜に」当っていた。ところが、この子は毎日泣いてばかりいる。それればかりか「左手を握りつめて」いて、一向に開こうとしない。止むなく善八が抱くと、泣き止んで直ぐに手を開いた。しかも「そのひらきたる掌の上に物あり。何ならん」と取り出して見るに、それはなんと「観音の御影」であった。善八には思い当る節があった。早速、伊勢に問い合わせの書状を出した。直ぐに返事があって、かの娘は五月末に病死したという。そこで「いよ〳〵不思議に思ひ」「此小児の男子なるも、右の娘の再来、実に変生男子もひとへに大悲の御利益ならん」

と、深く信心したと述べてこの話を終えている。

次はこれも『兎園小説外集』(『新燕石十種』第六巻　一九八一年十二月　中央公論社)所収「前後身紀事」である。

「江戸渋谷に、聖護院宮様御支配下、中山寺といへる修験者」がいた。妻を迎えたが子どもが授からない。文政七年十一月十四日、駕籠に乗って芝切通しを帰る途中、思わずも居眠りをした。そのとき「一人の僧、五歳ばかりの子をつれ来《きた》り、是は其方の子になるべきぞ」と告げた。瞬間、駕籠の前方を見ると「小児のひつぎを将《かつぎ》て葬に行」くひとびとがいる。聞き合わせたところ「南部丹波守殿家中木村弘といへる人の三男銀次郎といへる、五歳にて相果たるなり」というのであった。金地院に埋葬された。その翌年、中山寺の妻は懐妊し、文政九年二月、男子を出生した。けれども「其子生れて日を経れども、両の掌を握りてひらくことなし」で、いろいろ試みたがどうしても開かない。そのとき、修験者にはひらめくものがあった。これはすなわち「先ごろ金地院に葬し小児の再生うたがひなし、さあらんには、かの墓所の土をもつて洗はゞ、ひらく事も有《ある》べしとて、早速金地院へ人を遣し、右の様子を述ければ、易き御事に候へども」、ともかくも相手方の了承を得た上でという段取りになった。しかもその結果「扨《さて》右の土をもつて小児の掌を洗ひければ、握り詰たる手をひらきし、その片手の内に、木村弘が家の紋丸の内に松皮菱の形、うすくあらはれたりし、右の土を以なほよく〳〵洗ひければ、あと見えずおちしとぞ」

といった次第であった。なお、木村夫婦は大いに喜び「誠にかの小児は、わが児の再生に疑ひなし」として、爾来、中山寺とは親類付き合いをしたと記している。

冥界との通路

こうしてみると、結果としてはまったく予期しなかった成り行きになるが、ハーンと馬琴とはほとんど同じような話柄、もしくはそこでの事件に注意を払っていた顚末になる。もっとも、馬琴が殊更ここに傾いていたのは、そこにはどうやら大きな時代の流れがあって、それはおそらく、当時世間を騒がせたかの天狗小僧寅吉の事件、すなわち平田篤胤の筆に詳しい『仙境異聞』の出来事があったかと思われる。そしてこれには篤胤をはじめ、山崎美成《よししげ》・伴信友、屋代弘賢《ひろかた》、小山田与清、佐藤信渕《のぶひろ》・国友能当《よしまさ》、そして大国隆正といった錚々《そうそう》たる顔ぶれがかかわり、馬琴ももちろんそこでの一人として、寅吉の体験した「異界」情報に耳を傾け、彼方《あちら》の世界と此方《こちら》の世界との対比に心を砕き、情熱を滾《たぎら》せていたからである。

それからして、ここに書き留めた二つの事例は、そのときの馬琴にとっては「異界」つまり「彼方の世界」と「此方の世界」とを結ぶ、あるいは両者が無言の裡に、秘かにシグナルを交わし合う、いわば〝冥界通信〟の恰好の話柄として、見過ごすわけにはいかぬ資料であったかと思われる。ただし、この手の話には、ある時機、著しい流行があったのであろうか。馬琴の膝下を遠く離れて、東北は秋田の地にも次のような例があった。原武男『奇話珍話秋田巷談』（一九七一年六月　自刊）には「たなごころに『隆忠』の二字」がある。

亀田藩主岩城隆衡は名君として知られていた。この隆衡が存命中の出来事である。かつて、岩城家の祈願所に薬王寺という寺があった。しかるにこれが廃寺になってしまった。住職の隆忠僧正は再興をはかったものの叶えられぬままに歿した。

その後、隆衡に男の子が生まれた。不思議なことに、若君は右の手を握ったままでいる。周囲の人が試みたがどうしても開かない。生後七日目、御七夜の祝いのときに突然掌を開いた。ところがそこには黒々とした文字で「隆忠」とあった。これがため、若君は元服した後、幼名を「隆忠」に改めた。高僧の生まれ変わりというので、領民の心服を集めた。薬王寺は無事再興された。

とする話である。『岩城之系図』にあるという。

幸せな転生

こうしてみると、どうしてどうしてこの種の話は各地に相当広まっていたのが明らかになってきた。しかもそれは主人公を男女に限らず、いまになお続いているとしてもよい。たとえば松谷みよ子の『現代民話考　5』「あの世へ行った話・死の話・生まれかわり」（一九八六年二月立風書房）には、まとめてこれが報告されている。参考までに三例引いてみる。

〔事例一〕明治末頃、山形村に〝おくめ〟という女乞食がいて近在の村々にも有名であった。同じ山形村にKという素封家があって、おくめはその家によく出入りしていた。やがておくめが死んだので、その家では坊様を頼んで葬りお墓を作ってやった。その時坊様は、おくめが成仏するようにと、足の裏にお経を書いたが、その後その家に女の子が生まれたところ、女の子の足の裏にお経が書かれていて、家人を驚ろかせた。おくめのお墓の土を産湯に入れて使うと、お経の字が消えるということを聞き、その通りにしたところきれいに落ち、女の子は美しく成長して幸せな結婚をしたという。

〔事例二〕東京都西多摩郡奥多摩町。明治三十年代頃の人の話ですよ。トメという男の人がいて、世間から馬鹿トメとか言われて。私もトメさんという名は聞いてますからね。そんなんですから一生結婚もしないでね。兄さんだか甥だかの居候みたいになってそいで仕事も満足に出来ないんで、ホウキを作って、ホウキを持って方々の掃除をしてね、ま、いくらかお金だか、物だかもらっていた人なんです。その人がね、年とって五十以上になってから急に亡くなって、ほんで、こんだ生まれてくる時は、普通の人間になれよって親が手のひらにトメゾウだかトメキチだか書いてね、葬ったんだそうですよ。その頃は土葬ですからね。それからいくらもたたないうちに、近くの村に男の子が生まれたら、手のひらにトメゾウだかトメキチだか書いてあったって。それは普通の人だったらしいですけどね。おふくろさんが普通の人になれよって言ったから、その念力が通ったんだっていう人もいましたよ。生まれた時すぐは、その字がわかったんだけど、すぐわかんなくなっちゃったっていう話ですよ。

〔事例三〕福井県大野郡猪野瀬村（現・勝山市）。片瀬の三治郎は、七、八十年前（明治初年頃）の男であるが之が、下庄村アヒツキ（大月？）の酒屋へ生れて来た。背中に墨で大きく「三治郎」と書いてあったので、産婆は湯をつかわして洗ったが落ちず、山伏様に占って貰ったら、「片瀬の土を持って来て洗えば落ちる。」と云うので、その様にしたら落ちた。勝山町のアホ岩の山王（吉田郡）の酒屋へ生れて来た。之も背中に字が書いてあったので、三治郎の様にして落した。

求めて材料ばかりを並べる趣になった。しかも少々抹香臭《まっこうくさ》い話題になった。この辺りでまとめておこう。これまでにおおよそ次のような内容が知られるようになった。

まず、そこでの話の基本は「生まれ変わってきた子どもたち」である。ただし、窺うにここにはどうやらたとえわずかでも、相互に因果関係があって、いったん死んだ者が再度この世に生を受けるに当たっては、必ずやより望ましい身分に転生するといった方向性があった。それが証拠にここでの再生譚にはどれ一つとして、マイナスに働く結果はなかった。話としては、いずれもそれが救いである。

ただそれにもかかわらず、貫いて不透明な問題は大きく一つある。ほかでもない。これら一連の話に登場するそこでの主人公たちは、いったい何処までが、いったんは不憫にして辛い身に生まれ、その上で次には無事幸せな境遇に生まれ変わるという転生を遂げるのか。話としては前世での不遇な在りようがそこでの絶対条件になっていたのか、どうか。この最も肝要な部分がいまひとつ判然としないことにあった。「うすのろの力《りき》」とか「力ばか」、あるいは「馬鹿トメ」「アホ岩」と呼ばれた身であったが故に、いわばそれへの償いのようにして、次にはより良い処に生まれ変わってくるのだという、そもそもがそうした理解や判断、あるいは観念が前提としてそこにあったのか、否か。いままでの材料ではいかに思い遣っても、ここのところがどうもよく判らない。残された課題である。

加えてさらに『力ばか』の場合もそうであったが、かの老人自らが積極的に明かした不思議な「手だて」、すなわち「その生まれた子の前世の肉体が埋葬されてある墓から取ってきた土で、その子の肌をこする」とか「金地院の土を以なほよく〳〵洗ひければ」「かの墓所の土をもつて洗はゞ、ひらく事もあるべし」、さらには「お墓の土を産湯に入れて使う」「片瀬の土を持って来て洗えば落ちる」といった、いかにも不可解なそこでの「手だて」の由来や、それの実態が判らない。推察するに、これはおそらくある種の法式に則っての、いわば呪禁《じゅごん》の業、要は法術であって、呪法、呪術の類《たぐい》であったかと思われる。ここに引用した例話にもとづいて閲《けみ》する限り、話の運搬に修験、山伏の関与したのはまず疑いない。しかも各地に点綴する話に同様の言辞がしばしば認められるところからして、知る人ぞ知る、この呪法は〝話の世界〟ではかなり早くから流通していたと思われる。ただ、いまはその事実を指摘し、話題を提供するにとどめておきたい。

3章

再生される噂

「巷の噂」の行方

永井荷風が記した噂

永井荷風の作品『伝通院』の一節を引いて、小石川金富町（現、文京区春日二丁目）の永井の家では、夜な夜な母親や乳母が息子の壮吉を相手に「桃太郎」などを聞かせていたことを紹介した。

幼い頃に話の世界に興味を抱く機会をもった荷風は、次第に積極的に話のネタを自ら求めるようになると同時に、そこでの話の質とその行方にも深く心を寄せるようになった。右にいう「話の質」とは、話の中身、荷風の場合、どうやらそれは〝物語性〟を備えている話とでも理解したらどうであろうか。具体的に、その様子を最もよく伝えているのは、俗にいう『荷風日記』こと『断腸亭日乗』である。

一九一七年（大正六年）、三十八歳の時から記し始めた日記は、大戦中も丹念に書き継がれた。その間「話の種」として、荷風は「噂のきき書」「町の噂」「巷の噂」「街談録」「流言録」「風聞録」、さては「近日見聞録」「亡国見聞録」といった題のもとに、人伝ての話をしきりに書き留めていた。ときには時局を揶揄して「冗談剰語」などとも記していた。

たとえば、一九三八年（昭和十三年）九月五日には、「噂の噂」と題して次のように記されていた。

噂の噂

神田須田町の街頭に広瀬中佐の銅像と共に杉野兵曹長の銅像の立てることは世人の知る所なり然るに杉野は戦死せしに在らず其後郷里浦和に居住し此程《このほど》老齢に達し病死せしと云《いう》杉野翁《おう》の孫なる人現に浦和に在り近隣の人々も杉野翁の事をよく知り居れりと云

奇妙な話だ。これでは荷風でなくとも、聞き耳を立てずにはいられない。

日露戦争の際、旅順港閉塞《へいそく》作戦で戦死した広瀬武夫中佐とその部下、杉野孫七上等兵曹のことは、そのころはだれ一人として知らない者はいなかった。軍国美談の走りである。これをたたえて二人の銅像が万世橋のたもとに建てられた。現在の交通博物館（千代田区神田須田町）

のちょうど前にあたる。

ところがその後、杉野上等兵曹について、ひとびとの間には聞き捨てならない噂が秘《ひそ》かにささやかれていた。「近隣の人々も」「よく知り居れり」とするところがみそだ。ただし、この「話」は、有名な芸能人やスポーツマンの生死が取り沙汰されるのとは、「噂」の質が違うことに気をつけなければならない。

なぜなら、ここでいう「杉野は生きていた」とする話自体、時勢にあらがうかのように英雄伝を覆すもので、政治的、あるいは反社会的なにおいを漂わせていたからである。

杉野上等兵曹が生きて人々の間にかくまわれていた――とする荷風の筆は、時局に背を向けていたかのようだ。

噂を書き留める具眼の士

しかし、噂を書き留めるというのは、何も世を侘《わ》びる散人荷風だけの営みではなかった。大佛次郎も、この手の「話」を頻りに記している。『大佛次郎　敗戦日記』（一九九五年　草思社）の中から点綴するその類《たぐい》を引いてみる。

〔事例一〕木原君が関大尉の奥さんの家を訪ねると寿福寺が来て読経中、経なかばにして外からメジロが飛び込んで来て床の間の壁に突当って墜ちて死ぬ。坊さんは改めてメジロの為に経を読む。関大尉が体当りによって身もともに砕けて遺骨も還らぬ人だけに小説の如き話なり。（昭和十九年十月二十九日の条）

〔事例二〕東京では赤飯にらっきょうを一つ入れて喰うと弾よけになるという流説がぱっとひろがり迷信せられていると。幕末か明治初年の話としか考えられぬ。駒沢へ出入りの植木屋が真面目でそれを話した。世田谷で二貫五百もあり歯も生えた赤ん坊が生まれ、右のことをいうと直ぐ死んだ。埋葬したが気になるから掘って見たら何もなくなっていた。（同二十年三月二十五日の条）

〔事例三〕矢代氏の話。大磯あたりでは娘がざるを持って酒屋へ酒を買いに来てザルに酒が入れば日本は勝つといい、ためしに入れたら漏らずに入った。後を追って見たが消えるようにいなくなったという話が専ら流行ったそうである。（同五月七日の条）

〔事例四〕東條伝説。満州に夫婦で逃げ、東條は殺され、女房は追返されたという説、東條が狂人を装っていると云う説、盛岡に隠れているという説、賑やかであるが一般の人は東條のことなどもう忘れている。（同八月三十日の条）

荷風流にいえば、いずれも「町の噂」「街談録」、あるいは「流言録」である。折角の機会だから参考までにちょっとコメントしておこう。〔事例一〕の場合、この種の例は最近では松谷みよ子『現代民話考　4』『同5』（一九八六年一月　二月　立風書房）「夢の知らせ」、ならびに「あの世へ行った話」にまとめて報告されている。それからすれば、右話例はその典型とすべきであろう。ちなみに、ここで大佛次郎はさらに続けて、

奥さんは鎌女出二三歳、この三月結婚。名越の奥なので山に小鳥が多い。二十四歳の大尉は帰って来るとオハジキなどして遊び小鳥の多いのを悦んでこれはおれの友達だからと称していたと云う。小説に書いたら真実感を失くしそうないい話である。

と記していた。思えばそれから数えて今日までにちょうど六十年を経た。しかし、ここに記された「関大尉」とその「奥さん」の話は、なおそのまま私どもの日常にじかに伝わってくると思われる。そして、それはおそらく、日本人の霊魂観が変わらぬ限り、いつの時代にも通底して再生産を重ねて行く話柄だと考えられる。

さて、たとえ同じ「現代民話」だとしても、大佛のいうその頃「流説がぱっとひろがり」、

「専ら流行った」話のひとつに〔事例二〕があった。これに関しては佐藤健二『流言蜚語』（一九九五年三月　有信堂高文社）に詳しい。そしてそこには冒頭、次の例が示されている。

赤飯に「ラッキョ」を食べたら爆弾に当たらない。その話を聞いてから三日以内に食わなければ弾に当たって死んでしまう。（一九四五年二月　江戸川区工員　六一歳　他より聞知せるを近隣に流布せり。一般に流布せられあり。憲兵出所内査中。）

次〔事例三〕はいうまでもなく、元来が山人や天狗がそこでの主人公であった。『遠野物語』をはじめとして、伝統的な民俗社会では毎度お馴染みの一話である。ただしこの場合「酒屋へ酒を買に来」たということ自体、時節柄いかにも嘘くさい。同じ例はこれもさきの『流言蜚語』に示されている。すなわち、

ある男が底抜けの一升瓶を持って酒買いに行ったが、不思議にも酒が入ったそうだ。その男の話によると「今度の戦争も日本の勝利で近く終わるだろう」とのことだが、日清日露戦争の直前にもやはりこんなことがあったそうだ。（一九四三年一二月　東海道線醒ヶ

井駅付近列車内乗客　同席者三名と雑話しあるを憲兵聞知す。諭示。反響なし。）

というものである。〔事例四〕は、あまりに汎くに知られた型。明治以降、西郷隆盛生存説、さきに挙げた杉野兵曹長生存帰還説等、枚挙にいとまがない。その上さらに加えるのも芸のない話だが、山田風太郎『戦中派焼け跡日記』（二〇〇二年八月　小学館）「昭和二十一年三月二十九日」の一節にこのようにあった。

北海道に空襲警報発せられたること、山下大将が生きていて、近き米ソ戦に日本軍指揮官として使わるべく米国に送られたりという流言のこと云々。

と。ここにもまた荷風に劣らず、「流言」を「流言」として、きちんと書き留めておく具眼の士のいたことが知られる。こうしてみると、四時《しいじ》氾濫する「町の噂」「巷の噂」の中からどの「話」を拾い、一方でどれを捨てて行くのか、何気ない日々の記録ひとつにしても、最終的にはその人の沽券《こけん》に関わる作業であったのを認識せずにはいられなくなる。

ニャンバーガーは猫の肉

噂の食堂の肉

私どもの幼い頃、わが家の茶の間には父親のひとつ話に「須田町食堂の猫の首」があった。次のような内容である。

ある朝早く、通りがかりの人が当時繁昌していた須田町食堂の裏手で、バケツの蓋からはみ出している猫の首を見た。これから判断するにその中には余程多くの猫の首が入っていた――、とするのである。

話の筋はこれだけに過ぎない。しかし、いうまでもなく、ここにはいずれ「それが故にほかの食堂に比較して、あそこは格段安価でしかもひと味違う」とか「抜きん出ていつも賑わっている」といった態の、いわば悪意に満ちた解釈と理解が引き出されるようになっていたはずである。今流行の評判の飲食店、もしくはその店の調理や製品に向けてのいわれなき中傷や誹謗の類《たぐい》といった具合に受け止めるべきであろう。

今にして思えば、父親からの「須田町食堂の猫の首」は、何回聴かされても面白かった。毎度お馴染みのということであろうが、子ども心にも半信半疑、大人の世界の裏を垣間見る好奇心とともに、そこには当然、外食に対する不信感と他方、家に在る母親の手料理への手固さを強調する教訓性も周到に用意されていたかと思われる。

ところが意外や意外、これとまったく同じ話は、その後、大学に入って間もなく学生食堂の一隅で耳にした。当時人気抜群の渋食こと、渋谷食堂のカレー・ライスは、うまくて安いが、その実、使われているのは「猫の肉」だというのである。しかもここにはしっかりとした情報源があって、体育会系のクラブの誰それがアルバイトに行ったところ「バケツの蓋からはみ出している猫の首を見た」。仰天して早々に辞めてきたとするのである。「嘘だ」「本当だ」と散々やり合った挙げ句、またぞろ繰り出して行くのだから、その頃の渋食は、それ程に学生たちの胃袋には人気があったのである。ちなみに、この話を家内に確認したところ、彼女たちの間では「猫の首」の捨ててあったのは「裏手のゴミ箱の中」だったそうである。しかるに、このあと何年かすると、今度はこれが新宿の食堂三平に変わって登場してきた。

もっともこうなってくると、最早聞き流すより仕方がない。この手の話に向けては一種の免疫を得たとすべきであろうか、話との間にはすでに一定の距離を置くようになってくる。話は話として承知した上で、なお充分に楽しむ余地が生じてきたのである。これからして、ひとたびはこれを逆手に取れば、はてさて、それでは次には何処の食べ物屋に白羽の矢が立つのだろうかなどと、余計な推測を立てるような案配になった。いってみれば、かつて遭遇した話柄を尺度にして、さらなる話の行方を予測するといった知恵を自ずと獲得してきたわけである。それがあって、とするのも妙な話だが、このあと、大学を卒えて直ぐに上野駅近くにある高等学校に勤務したところ、早速この手の噂に出会って、今度はそれを鎮静する役に廻った。話はこうである。

上野病院の裏手の道路を挟んで、小さな飲み屋がいくつもあった。その一角に焼きそば屋がある。滅法安い上に量が多いので生徒たちには断然人気があった。コーヒー一杯が百円の時分、経木に盛って三、四十円ではなかっただろうか。もっとも中身はそれ相応に、野菜とはいえもっぱらキャベツの芯ばかりであった。別称を「裏のゴミソバ」といったのだからおよそ見当は付く。そのうちにある日、中に入っているのは「猫の肉」であると言い出した。朝早く登校してきた運動部の仲間が、病院の電柱傍に出されている「バケツの蓋からはみ出している猫の首を見た」といって騒いで止まない。のみならず、そういえばつい最近まで近辺を横行していた野良猫が一匹も居なくなったと、したり顔ではしゃぎ廻るのだから始末に悪い。そのときは、あまり妙な噂を立てると営業妨害で訴えられるぞと諌めたが、ここでもそれの第一発見者に運動部会系の生徒が登場していたのは、この種の話とはたして何か関係があるのだろうか。

とはいえ、正直言ってここまで書けば、向かうところこの種の例は、話としてはすでに先が見えてしまった。すなわち、そのときどきの人気絶大、一世を風靡しつつある食べ物（屋）、もしくはそれの提供者、わけてもこれが外食の場合には、得てしてそこでの肉に異物が混じっている、あるいはまったく、他の動物の肉そのものであろうとする噂は、繰り返して行われてきたとする事実であった。要するにそれは何も戦前の須田町食堂や、戦後間もない頃の渋谷食堂、さては食堂三平に限らず、ましてや上野病院脇の「ゴミソバ」や、また近頃親しく耳にした某女子大学の「豚食」ならずとも、その間、この手の話題はそれこそ相手変われど主変わらずの趣で持て囃されてきたこと、まずはほとんど疑いなしという成り行きであった。それからして、これら一連の事例から判断するならば、たとえば池田香代子他『走るお婆さん』（一九九六年十一月　白水社）所収「食」で、〝現代伝説〟あるいは〝都市伝説〟の名の元に改めて話題になったマクドナルドのハンバーガーのパティが「猫の肉」であるとする噂などは、もちろん右構図の一端を担うものであったと承知し得よう。

いずれにしてもある時機を境に、それまであまり知られていなかった新製品、この場合に限ってすれば、ある特定の食料品の類が、やおら登場してきて瞬時の間に世間を席捲してしまう。そうした事態を迎えるとなると「猫の肉」をはじめ、この種の噂はしばしば惹起されて、それがまた飽くことを知らないのが習いのようであった。

「味の素」の原料をめぐる噂

そこで、もしも溯って閲《けみ》すれば、これの代表はなんといってもかつての「味の素の原料」を措《お》いてはほかにあるまい。実際、当時味の素工場の近辺に住んでいた老人は、いまもなお次のようにいう。

〔事例一〕味の素の話には……。河川敷のところに、いきなり工場ができたんだよね。ちょうど、ここいらがそうなんだけれども、川が流れてて湿地帯で（土壌は砂質で）一面の梨畑だったわけ。蛇がうじゃうじゃいる所だったわけ。そこへ、いきなり変な化学工場ができて、うまみ調味料なんて、得体のしれない物を作り出したわけ。そいでもっと悪いことに、宮武外骨とかって、歌を作ったり、その頃の文壇人の一人が言い出したんだけども、「味の素は蛇から作った」って。

それから香具師がね、蛇の黒焼きを大道で売る時にね、「これかけりゃぁ美味いんだ。なぜかわかるか、今、評判の味の素って、これから作ってるんだ」

〔事例二〕私はデマじゃないかと思うんだけどね、味の素は蛇使ってるから美味いおかずのかわりに、あんな粉ができたんだって、蛇を粉にしてこしらえたんだってデマでしたね。越して来て、湯屋が気が利いた（規模の）工場でした。私も覚えてるけどね。それがだんだんでかくなったんです。だから、あそこは蛇を殺してね、それでダシを作ってるんだという話はありましたよ。だから、そこらの田の中へね、蛇の皮なんかうっちゃられたら困っちゃうな、ってね、話も出ましたけど、そんなのは（実際には）なかったけど。まぁ一言、あそこは蛇使ってるんだよ、と、そういう話は聞きましたよ。澱粉でやってましたんですからね。

その澱粉を、麦の粉、とったかすで、久寿餅を拵えたの、門前で。味の素からできたのが久寿餅の始まり。今は岐阜の方から原料をとってるって話ですけどね。

蛇の話もでましたよ（味の素に）行ってる人は、

「そんなことないよ」って。入ってる人に聞いて、

「お前んとこの会社、蛇、使ってるのか？」

って、やるわけよ。だから、まわりじゅう、蛇で作ってると思われちゃう。

なもんだから、このまわりの人が、蛇が、またここいらにいたんだよね、捕まえて、

「買ってもらいに行くべぇ」

って、売りに行ったわけよ。

「そんなことないよ」

って。ひとつのデマじゃなかったかって……。そこの澱粉で久寿餅屋さんが……、売った。それが始まりでしたね。


（川崎区大師駅前　元農業・昭2年より燃料販売　男性　明41年）

いずれも『川崎の世間話』（「川崎の世間話」調査団編　一九九六年三月　川崎市民ミュージアム）に拠った。「話」は依然生きている。健在であったとしか言いようはない。そこでここではそのところを松山巖『うわさの遠近法』（一九九三年二月　青土社）からさらに補っておこう。

代々大森で生活し、自身もこの土地から離れず施盤工をつづけてきた作家の小関智弘は、『大森界隈職人往来』の中で、工場設置の経緯とともに大正はじめに全国的に伝わったうわさを記している。

大正のはじめ頃、合資会社鈴木商店（現在の「味の素」工業）はここでも多摩川寄りの六郷村に工場を建設する予定だった。ところが、地元の反対にあって、対岸の川崎に工場を建てた。八幡塚と呼ばれていた荒地が、鈴木町としてその名をいまに残している。

そのころはまだ広い工場の裏側は蛇がうようよするような荒地のままだった。……そこで「味の素」としては大変迷惑な噂がひろまった。「味の素」の調味料は、あの蛇の粉でつくっている、という噂が、やがて全国に拡がってしまったという。

そこで会社は「誓って天下に声明す。当社の製品は断じて蛇を原料とせず」と大正十一年に新聞広告を出してうわさを否定したが、このうわさが消えたのは関東大震災以後だという。小関は昭和八年の生まれであるが、この「味の素」＝蛇の粉といううわさを覚えているると述べている。このうわさは当時かなり広まり、新聞記事にもなり、漫画のモチーフとしても採り上げられている――。

というものであった。はっきりいって私自身、それへの知識は、この文章を越えることはない。しかるにさきに引いた内容に接して驚いた。なんとその頃、その手の噂にもとづいて「味の素に蛇を買ってもらう」べく「『買ってもらいに行くべぇ』って、売りに行った」男がいたとするのである。いったいどうなっているのであろうか。噂よりも現実の方がずっと先を行っていて凄い。察するに、会社に売り込みに行く以上、彼はよほど多くの獲物を用意したのであろう。松山の一文によれば「味の素」の工場裏は「そのころはまだ」「蛇がうようよするような荒地」だったというのである。暑い最中《さなか》、その広い荒地で日がな一日、蛇を追い回していた男の姿を想えば、それはそれで想像するだにすさまじいものがある。おそらく、そのときの彼は大きな布の袋にでも現物をどっさり詰め込んで、意気揚々と会社を訪ねたのであろう。それにしてもその際、たまたまこれに対応に出た会社側の人はいったい誰であったのだろうか。そこでの遣り取りは思うだに面白い。諄々と諭したうえでお引き取りを願ったか、それとも大声で叱りつけたのか、そこのところは判らない。しかしいずれにしても、ひとたびは「買ってもらいに行くべぇ」といってやって来た以上、それ相当に手強い相手であったのは、容易に推測し得るのであった。

もっとも、もしこれが実際にあった出来事だとすれば、当日直接対応に出た者以上に仰天し、かつ、由々しき事態とこれを認識したのは会社の上層部であったと判断し得る。だいいち、今回のかの報告書に拠れば、町中ではなんと、「それから香具師がね、蛇の黒焼きを大道で売る時にね、『これかけりゃぁ美味いんだ。なぜかわかるか、今、評判の味の素って、これから作ってるんだ』」と、口上を述べていたというのだから始末におえない。そういえば大道での物売りにはさまざまあったが、それでも「毎度お馴染」の中では「蛇精売り」が最も面白かった。見ていて、ハラハラドキドキ。

さァ、今日は皆さんに面白いものを見せてあげますから、ずうっと前の方へ集まって下さい。

(久保田尚『続・大道芸口上集』一九八七年　評伝社)

の声で、恐る恐る覗き込むと、香具師の足元には薄汚れた布袋がいくつか置いてある。しかも中にはたしかにそれらしき物が蠢いている。そこで男は開口一番、

皆さん蛇の泣き声をきいたことありますか。ないでしょう。蛇だって悲しければ泣くんです。今日はね、その蛇の泣き声を、あとでたっぷりきかせてあげますから楽しみにして

て下さい。それからね、私の目の前にある袋にはいろんな蛇が入ってます。いま、私が持っているのは皆さんよくご存知の青大将ですけれど、この袋の中には蝮や、まだあなたたちが見たこともない猛毒を持ったハブなんかも入ってます。そういう恐ろしい毒蛇は外へ出しとくと危険ですから袋に入れてあります。そういうのも、あとでゆっくり見せてあげます。（同右）

などと巧みに気を引いた上で、仮にも「今、評判の味の素って」とやられたのでは、それこそ目も当てられまい。会社としては、世間での噂が街頭での香具師の口上の中にあったとは、よもや考えもしなかった事態であった。「誓って天下に声明す」の新聞広告も、思えば万止むなしの処置だったのであろうかと思われる。

偏見が呼び出す噂

それにつけても、いかに噂とはいえ、選りに選ってそこでの対象が「猫の肉」や「猫の首」、さては「蛇」もしくは「蛇の肉」ともなってくると、話柄としてはいかにも陰惨、かつ陰々滅々としていけない。お互い、救いのないこと甚だしい。そういえば、書いていてついつい思い出したのだが、あれはたしか一九九六年の一月であったであろうか。九州の西海岸一帯に破損した多くの木箱が漂着した。しかるにあろうことか、中には溺死した蛇がぎっしりと詰まっていた。総数は三千とも四千匹とも伝えられている。このニュースが連日、連夜、それも食事時の茶の間に流されるのだからたまらない。それでなくとも人一倍気の弱い私などは、いまだに気分がすぐれない。巷の噂では、漢方薬用の密漁品だといい、また一段と穿った見方では、箱いっぱいの蛇の中には、実は密輸の拳銃が隠されていたのだとも取り沙汰されている。もちろん真偽の程は請け負い兼ねるが、いずれにしても南の国からこうも大量の蛇が、しかもいっときに運び込まれようとしたのは普通ではない。「ずうっと前の方へ集まって下さい」どころではなかったのである。

さて、その上でさらに事のついでといっては申し訳ないが、その南の国には一方「猫の肉」もしくは「猫の首」の話も、これまた同じようにして実際にあった。次に記す内容は一九九四年八月一日から三か月間、国際交流基金からの要請にもとづいて、ニューデリーのネルー大学に短期滞在していた際に遭遇した出来事である。

赴任当初、大学でのゲスト・ハウスは満室であった。止むなくいったんはそこの留学生会館に入ったが、部屋には冷蔵庫がない。しかるに日中は四十二・六度の暑熱である。夜になってやっと三十六度。留学生は東南アジアの人が多かった。彼等の多くは平気で外で寝ていた。こちらの窮状を見兼ねて、大学食堂の総支配人のタクール氏が食事その他一切の面倒をみてくれることになった。以下はそのときの話である。彼はこういう。

「自分にとって、日本人の面倒をみるのは一向に負担にならない。チキンでも豚でもなんでも食べてくれる。その点はむしろ食制の違う南北各地から来ているインドの学生よりは楽な位である。しかも私の目を避けて、秘かに犬や猫を調理することもない（そういって、彼は片目を瞑った上で、さらに言葉を継いだ）。ところで、プロフェッサー、気づいただろうか。この前、あなたが来たときには、このキャンパスには多くの犬や、そして猫もいた。殊に図書館の前には家族の黒い犬たちが、いつもいた。それが、東南アジアの留学生が来て以来、急にいなくなってしまった。あの会館に滞在中、建物の裏を覗いてください。そこではきっと〈バケツの蓋からはみ出している猫の首〉を発見するはずだから。」

それのみならず、話には続きがまだある。

「実は前年十月、彼等の一グループが帰国したあと管理人が部屋を掃除に行った。いかにも異臭が漂う。原因は、屋根裏に隠されていた多くの猫の骨であった。」

とするのである。話題としてはいずれにしても愉快な内容ではない。そのときは単に相槌を打ったただけで聞き流すに留めておいた。しかるに一九九五年十月、重ねて赴いたところ、この噂は大学のキャンパス内では相変わらず横行していたのであった。

改めて説くまでもない。インドのひとびとにとって、ビーフを口にするのは絶対の禁忌である。手に触れるのも極端に忌避する。チキンもエッグも避ける人もいる。高位のカーストのヒンズー教徒ともなると、魚も貝もいけない。徹底して海藻の類も辞退する。ちなみにタクール氏の場合は、私の携行食品の海苔もシーフードの一種だとの説明で退けた。蜜豆の缶詰を開けると、そこでの寒天の素材は天草であった。それをいうと同じように遠慮した。それからして、いったんこのような情況を知れば、よしんばブラック・ジョークにせよ「犬」や「猫の肉」、あまつさえ「バケツの蓋からはみ出している猫の首」とあっては、その話題自体がすでに不謹慎、かつ非紳士的であり、嫌厭の情もはなはだしいとしなければならぬものであった。さきに漂着した「蛇」の死体のニュースに触れて「連日、連夜、それも食事時の茶の間に流されるのだから」と記したが、感情的にそれはほとんど変わらないものがあったはずである。

しかるに、それにもかかわらず、そうした状況を越えてなお、そのインドの大学内においてさえ「バケツの蓋からはみ出している猫の首」の話があるのは、これはいったいどういうことなのであろうか。世間話の枠組、あるいは話柄としても注意を要する問題かと思われる。

謎解き坊主の「サイギョウ」

「西行」に出る職人たち

永井龍男『石版東京圖繪』（一九六七年　中央公論社）、「坂」の章に次のような一節がある。

「なんだ、また本なんぞ読んでいるのか。いい若い者がボヤボヤするな。おいみんな、素見《ひやかし》に出かけようぜ」

ちょうどこの頃、十九歳だった「細工師」の著者鈴志野勤は、品川の建具屋に「西行《さいぎょう》」に出ていたが、ある晩そんなふうに、否応なく兄貴分に連れ出されて遊廓見物をした。「素見」はそういう場所をそぞろ歩きすること、「西行」は、諸国を遍歴した法師の名にかけて、修業に出ることをいうその道の隠語である。

職人間に使用される「西行」というこの特殊な言葉について、永井には何か格別な思い入れでもあったのだろうか。このあと「門」の章にもさらに重ねて用いていた。幾分長くなるが引いてみる。

「そのことについては、間島からも相談があったが、関さんどういうもんだろう、この際由っちゃんを、一年なり一年半なり、西行に出してみては」
「へえ。実はあっしも、そう考えていたところで」
「長いのは、若い二人のためにどうかと思うが、然るべきところへ修業に出して、仕事にも人間にも芯を入れる。その間に間島の方も、格好がつこうという訳で、是非そうしたいもんだ。お前さんも賛成なら、こんな結構なことはない」

なんの職に限らず、年季奉公に「お礼奉公」はつきもので、床屋の職人がまず六年、その後一年は只《ただ》働きをして主家を出て、そこではじめて一人前ということになる。七年年季を入れて、三年奉公というような例は、大工左官にはざらであった。

ここでの「西行」に限らず、この作品での永井の文章には、やたらに「説明」が多い。もっとも、こうした職人の世界を取り上げるとなると、一般の読者には理解の及ばない場面が多々生じる、止むを得ずそれを慮《おもんぱか》ってのことかもしれない。

東京の「サイギョ」と「サイギョウ」

実際、ここにみる「西行」の語は、きわめて特殊な語彙であった。これがため、歴史上実在の歌人の西行法師、そしてそれにかかわる伝承説話に注意を寄せた研究者の中には、はやばやと職人「サイギョウ」に言及した例があった。随筆「世々の西行たち」(『角川源義全集』第五巻 一九八八年十月 角川書店)の角川源義もその一人である。俳誌「河」の同人であり、かつその実家が畳屋であった小林清之介からの話を、先学はまず「毎年暮になると彼(小林)の家へ地方から出稼ぎに来る職人で二階二間が一杯になったが、毎年顔を見せる仲間うちの職人だった。そのほかにサイギョと呼ばれる渡り職人もいた」「小林君は畳屋ではサイギョとつづめて発音した」と報じ、続いて「同じ東京でもサイギョ系とサイギョウ系二つがあるのは、たいへん面白い。渡り職人のうちでも職種によって違うのかどうか、結論を急いで出さずにゆっくり二系統を追ってみたい」と述べていた。その上で角川は、それの実態を次のように記していた。

小林君の家に来たサイギョはきまって薄ぎたなく、汚れた風呂敷で包んだ道具箱（小行季）を提げ、玄関の板の間にこれを置き、エエお控えくだすって、手前ことは――と、威勢よく仁義をきった。彼の母はこれが大嫌いで手を振って遮ったという。サイギョは食事をして一晩とまり、すぐ発っていくのもいたが、年の暮の間は働いていくのもいた。仲間うちにとどまり土地に定着する者もいたが、多くは別の天地を求めて流れて行った。酒乱だの、手癖の悪い者だのがいて、仲間に入り込めないようであった。くたびれた道具を他人の新品とすりかえ、例の汚れた風呂敷に包んで早発ちするのもいた。

思えば、この世にはさまざまな「西行」たちが横行していたものである。この伝で行けば、ご存知、かの柴又の寅次郎もあるいはこの一派であったかも知れない。それはともかくも、ただ「諸国を遍歴した法師」の名に掛けて、ひとえにこれを訴えるのなら、たとえばそれは古く「能因」であっても、あるいはまた廻国聖として一層著名な「一遍」であっても、別に不思議はなかったはずである。しかしそれがそうではなく、一途に「西行」の名にこだわるのは、ここにはきっと何か隠された訳があるに違いない。それについて考えてみる。

「西行」の実態

豊島与志雄の随筆「逢魔の刻」（『豊島与志雄著作集』第六巻　一九六七年十一月　未来社）に次の一節がある。

紺の絆纏、腹掛、脚絆、草鞋ばき、膳の上には鰑《するめ》と四五本の銚子、風呂敷に包んだ大きな鋸が土間の戸に立掛けてある。そして彼は地酒の酔に日焼の顔を輝かしながら、立続けに饒舌った——略——

彼は鋸一本で……それと腕っぷしとで、日本全国を股にかけて歩いている独り者だった。金がある時には、温泉に浸る、女を買う、兎や山鳥を食う……。金が無くなれば、親分を頼っていって、働かして貰う。マラリアが恐いので台湾には渡らなかったが、朝鮮にはだいぶ居た事があるし、其他、南は鹿児島から北は北海道の果まで、各地を渡り歩いているのだった。

ここでの様子から推して、このとき「浅間山麓を迂回してる草津旧街道の、小さな一軒の茶店」で、豊島が出会った年配の木挽きは、どうやら永井龍男のいう「西行」の一人であったかと思われる。おそらくそれに違いないであろう。

諸国を遍歴するこうした「西行」たちの在りように、本格的に斧鉞《ふえつ》を加えたのは花部英雄『西行伝承の世界』（一九九六年六月　岩田書院）であった。世に横行する〝もう一人の西行〟を丹念に追跡調査し、その上で花部はこれを大きく四つに分けている。
(a)修業のための職種、大工・指物師・建具師・下駄屋・棒職人・桶屋・瓦職人・鋳物師・石工など。
(b)働き口を求める職種、大工・醬油職人・木挽き・鳶職人・坑夫・左官屋・駕籠屋など。
(c)小遣い稼ぎ、坑夫・船乗り・大工・土方・建具師など。
そして、右のほかに
(d)遍路・巡礼・乞食・乞食僧など。
といった具合である。これによって、職人間に用いられていた〝サイギョウ〟の概念、ならびにそこでの実態がようやく明らかになった。思いもよらぬ「西行」の世界である。それとともに歌人西行には、まこと迷惑この上ない〝似非《えせ》西行〟たちの活躍振りだといえよう。

謎解き話に現れる西行

そこでこの際、迷惑の掛けついでといってははなはだ申し訳ないが、ここにもひとつ、職人たちとは別の、おそらくは右分類の(d)にかかわるであろう、ちょっと様子の違う「西行」を割り出してみたい。その「西行」は案外三味線などを携えていたかも知れない。資料として最初に高木敏雄『日本伝説集』（一九一三年八月　郷土研究社）所収「西行法師と山賤《やまがつ》の歌」を挙げる。場所は「甲斐国南巨摩郡西行峠」としている。

昔、西行法師が歌修行のために、諸国をめぐり、自分の歌の上手なのを鼻にかけ、自分より豪い歌よみが有るものか、と思ひつゝ、此処の山道に差かゝると、一人の山賤に遇つた。甲斐国に歌よむ人があるかと問ふと、その山賤が、お前様は歌をおよみ成されますか、そんなら私も一首やりませう、聞いて下され、と云つて、

イキツチナ、ツボミシ花ガ、キツチナニ、

ブッピライタル桶トジの花、

と読んだ、西行法師は此歌の意味が解らないので、驚いて了つて、甲州では山賤さへ、こんな歌を読む位だから、中に入つたら、どんな目に遇はされるかも知れぬ。今少し修業し

た後で、甲州へは来た方がよい、と思つて、其処から引返した。だから西行峠の名が出来たのださうな。此山賤の歌の意味は、往く時に蕾んでゐた花が、帰る時には咲いてゐた、といふことで、桶とじの花と云ふのは、桜の花のことだ。桜の皮は曲物をしめるに使ふから、桜のことを桶とじと云ふのである。

さきに一度、西行には「はなはだ申し訳ないが」と断りを入れておいた。その通り、いかに伝説とはいえ、西行法師はかたなしである。しかし、あらかじめ言い置いたように「ちょっと様子の違う」西行を「割り出」すに、これは恰好の材料のようである。

それというのも、話の場の設定として、まず「諸国をめぐり」歩いて、もっぱら「歌の上手」を鼻に掛けている西行法師。やおらそこに登場する「山賤」。ついでその男の詠み上げるまったく意味不明、奇態な内容の歌。しかも歌語にはおよそほど遠い「ブッピライタル」の語句。これに動転、辟易して早々に退散する西行といった案配で、このままでは、いったい何を訴えようとした話なのか、何を主題とする話なのか、よく判らない。しかし、そこでの要諦はあくまでも意味不明にして奇妙な一首を説く首尾、いうなれば投げかけられた〝謎〟を解くところにあるわけで、これが無事なされた場合、はじめてこの一話は「めでたし、めでたし」になるはずであった。要は〝謎解き話〟であったのである。ところが、気の毒にも西行にはそれが解けなかった。〝戯れ歌〟に惑わされたままである。これでは前に進むことはできない。要は西行の敗退といった趣向である。それからして、この一篇はもともと西行の失敗や敗北を意図した話であったのが察せられる。そして、もしもそうならば、やがてはほかに西行を主人公に比定したこの種の話は、いずれも西行の失態や失墜を主題とする話群を生成していくことになっても決して不思議ではないはずであった。しかし、それではそれははたしてだれの企みや謀《はかりごと》であり、なおかつ、そこでの仕掛けであったのかということになる。仕掛け人は何処にいたのかという話題になる。

それがあって、改めて、その場での両者の遣り取りを窺うに、奇妙奇天烈なこの〝戯れ歌〟はそもそもが、どのような才覚によってもたらされ、何処から来たのであろうか。だいいち、寸時の間にいかにも下賤で品位に欠け、その上、相手を脅かす語調のもとに滑稽と笑いを助長する内容を、これほど手際よく、しかも咄嗟に繰り出す手腕は、思えばこれはこれでまた並みの才能ではなかった。したたかで、悪達者、一瞥、世に拗《す》ねた勝れ者と見立てるのが常道であろう。いうなれば、世に隠れた文芸の徒の動向とでもいったものを想定しなければ、この場合、少々対処し難いのではなかろうか。これを要するに、ひとたび今「諸国をめぐ」っているのは、こうした〝謎立て〟もしくは〝戯れ歌〟の掛け合いに長じた職業の徒、仮に一歩譲ったとしても、その種の職掌にかかわる、いわば半職業的な者の存在を考えるからにほかならない。

理屈を言ってもはじまらない。しかも一つだけの資料では、いささか心許ない。そこで再度、その近辺を徘徊する〝もう一人のサイギョウ〟を尋ねるに「甲斐国をめぐる西行」は、その後も相変わらず健在であった。たとえば小沢俊夫ほか『日本の民話　5』（一九七九年三月ぎょうせい）所収「西行となぞなぞ」は次の如くである。


西行法師が甲州来たときに、やっぱ甲州人にはかなわんって、やっぱ河内を上ってね、河内《かわうち》、向こうのほったところが、そこ馬方がいて、

「これ馬方、馬に連れてんそりゃなんだ」

「これか、こりゃな、冬青くて夏枯《か》れる草の実よ」

冬青くて夏枯れる。そいで答えない。家へ入って、

「今馬子に行き会ったけんど、あの馬子つけてる物聞いたら、冬青くて夏枯れる、いったいなんだ」

「そりゃ、和尚さん、麦じゃないですか」

って。麦ちゅう物は、冬青くて、なるほど、おりゃ甲州には馬方じゃこんなにいかん。駿河《するが》まで《まで》西行岳から帰ったそうです。甲州人はりこうだから国中《くになか》にいると、どんな偉いもんがいても、西行岳、西行帰っちゃった。

これまた同じく〝謎〟を掛けられ、結局は解けずして挫折する西行であった。和歌の修業のみならず、〝謎立て〟に挑戦しても即座の知恵に不足して、再出発を必要とする西行であった。こうしてみると、あとからの資料がいみじくも訴えているように、甲州に認められる「サイギョウ話」の特徴は、これが著しい〝戯れ歌〟であるとともに、そこでの本貫は通じて〝謎〟、あるいは〝謎解き話〟であったのが明らかになってくる。したがって、これをも少し言えば、ここに蠕動《ぜんどう》する話の担い手は、下卑てはいるものの、一方に当意即妙、奇智をもって周囲の意を迎え、巧みに笑いをもたらす、そうした手管を弄する人間であったと予測し得る。もちろん、甲斐、駿河に跨って西行峠、西行岳の名が伝わるのは、背景に伝統的な文芸趣向としての〝富士見西行〟があったわけで、こうした受け皿があってこそ〝もう一人のサイギョウ〟が渡り歩くにより有効な土壌であったのは間違いない。

諸国をめぐる謎解き坊主

こうした経緯を踏まえた上で最終的に〝サイギョウ話〟、そしてそこでの〝謎立て〟の仕掛け人、併せてこの種の話の担い手とも目される者の姿を特定してみたい。条件としては、彼自らが「諸国をめぐる」と称することから、積極的に旅をしつつ、その上であえて他国に越境し、なお即興をよく演出し得る男。次いで、ここに前出花部英雄の(d)を勘案するならば、ゆくりなくもそこには、かつての日、村々を巡り歩いた「謎解き坊主」の姿が浮上してくる。具体的には小堀修一『那珂川流域の昔話』（一九七五年一月　三弥井書店）に登場してくる「謎かけ坊さま」がそうである。

そのね、謎かけ坊さまっていうのは、非常に謎かけがうまいがら。それで、何としても謎かげでえが、そのお坊さんにはかなわねえというごどで、ある人が、

「謎かげ坊主に、糞おぐれ」

て、かげだんだって。そうしたどごろが、その坊さんが

「夏のお夕立ちと解ぐ」

「その心は」

「西おぐれ」

その心は、「にしはぐれえ」、「西は暗い」それから、「にし」とは自分のごどで、「自分で糞をくれえ」という意味なんだね。

同じ例は「難題話——謎解き坊主」（『日本昔話通観 8 栃木・群馬』一九八六年四月、同朋舎出版）として報告されている。栃木県安蘇郡葛生町での話である。「なぞとぎ坊主が小中の床屋へ泊ってなあ。そのなぞとぎ坊主は盲目で、そうさなあ、かれこれ五十くらいの人」だった由。次のようにいっている。

なぞとぎ坊主が前のなぞを解きおえて、ペンチャンペンチャン三味線をひいていたら、今度は若衆が大《で》かい声で、「なぞとぎ坊主、くそくらえ」って言って、まあ、なぞをかけたわけだ。そうすると、見に来ていた人なんどは、とても解けねえと思ったかも知れねかったんだ。なぞとぎ坊主は、ペンチャンペンチャン……。「ウーン、なぞとぎ坊主くそを食えェエ、これはちっとむずかしいな。なぞとぎ坊主くそを食えェエ、夏の夕立と解くわいな。西が暗い（汝《にし》が食《くら》え）じゃないかなァア。」ペンチャンペンチャン……。

こうしてみると、田舎わたらいの、しかも盲目の「サイギョウ」が活躍していた可能性がある。職人間にいう「サイギョウ」には、もちろん〝再修業〟のニュアンスが含まれていただろうが、出たとこ勝負の「謎解き坊主」には、とてもそうした余裕はなかったと思われる。

4章 変貌する都市型妖怪

未来を予言する「件《くだん》」

未来を予言する怪物

夏目漱石門下でも、内田百閒《ひゃっけん》はひとり特異な存在であった。若いころから漱石に師事していたものの、終始付かず離れずの関係にあった。それは、作風からもいえる。

彼の短編集『冥途《めいど》』は、どこか『夢十夜』に似ていて、またそれとも違う、いかにも不思議な雰囲気の作品で、殊に「件《くだん》」は、筆者自身が「件」という奇態な動物になってしまった、妙な物語だ。百閒はそれを次のように述べていた。

私は見果てもない広い原の真中に立っている。軀《からだ》がびっしょりぬれて、尻尾《しっぽ》の先からぽたぽたと雫《しずく》が垂れている。件《くだん》の話は子供の折に聞いた事はあるけれども、自分がその件になろうとは思いもよらなかった。〈からだが牛で顔丈《だけ》人間の浅間しい化物〉に生まれて、こんな所にぼんやり立っている。何の影もない広野の中で、どうしていいか解らない。何故《なぜ》こんなところに置かれたのだか、私を生んだ牛はどこへ行ったのだか、そんな事は丸でわからない。

そして、自分の運命に向けては、

ただそこいらを無闇に歩き廻ったり、ぼんやり立ったりしている内に夜が更《ふ》けた。月が西の空に傾いて、夜明けが近くなると、西の方から大浪の様な風が吹いて来た。私は風の運んで来る砂のにおいを嗅《か》ぎながら、これから件に生まれて初めての日が来るのだなと思った。すると、今迄うっかりして思い出さなかった恐ろしい事を、ふと考えついた。〈件は生まれて三日にして死し、その間に人間の言葉で、未来の凶福を予言するものだ〉と云う話を聞いている。

とした。

「からだが牛で顔丈人間」という説明からは、古く中国の神話に出てくる人面胴牛の〝白沢《はくたく》〟

が思い出される。白沢は神獣で、人の言葉を使いこなし、有徳の帝王の治世に出現したとされる瑞兆《ずいちょう》だった。このため、わが国では、祭礼時の水引幕などの絵柄に用いられた。

以前は「件」にもこうした性質が期待されたようだ。たとえば、一八三六年（天保七年）、丹波国に「件」が現れたと伝える瓦版《かわら》は「大豊作を志《し》らす件という獣なり」としたうえで、「此絵図を張置バ、家内はんしやうして厄病をうけず、一切の禍《わざわい》をまぬがれ大豊作となり誠にめで度《たい》獣なり」と、わざわざ断っている。

また随筆集『道聴塗説』（三田村鳶魚『鼠璞十種』中巻　一九七八年　中央公論社）にも、越中国立山に、採薬を生業とする男あ

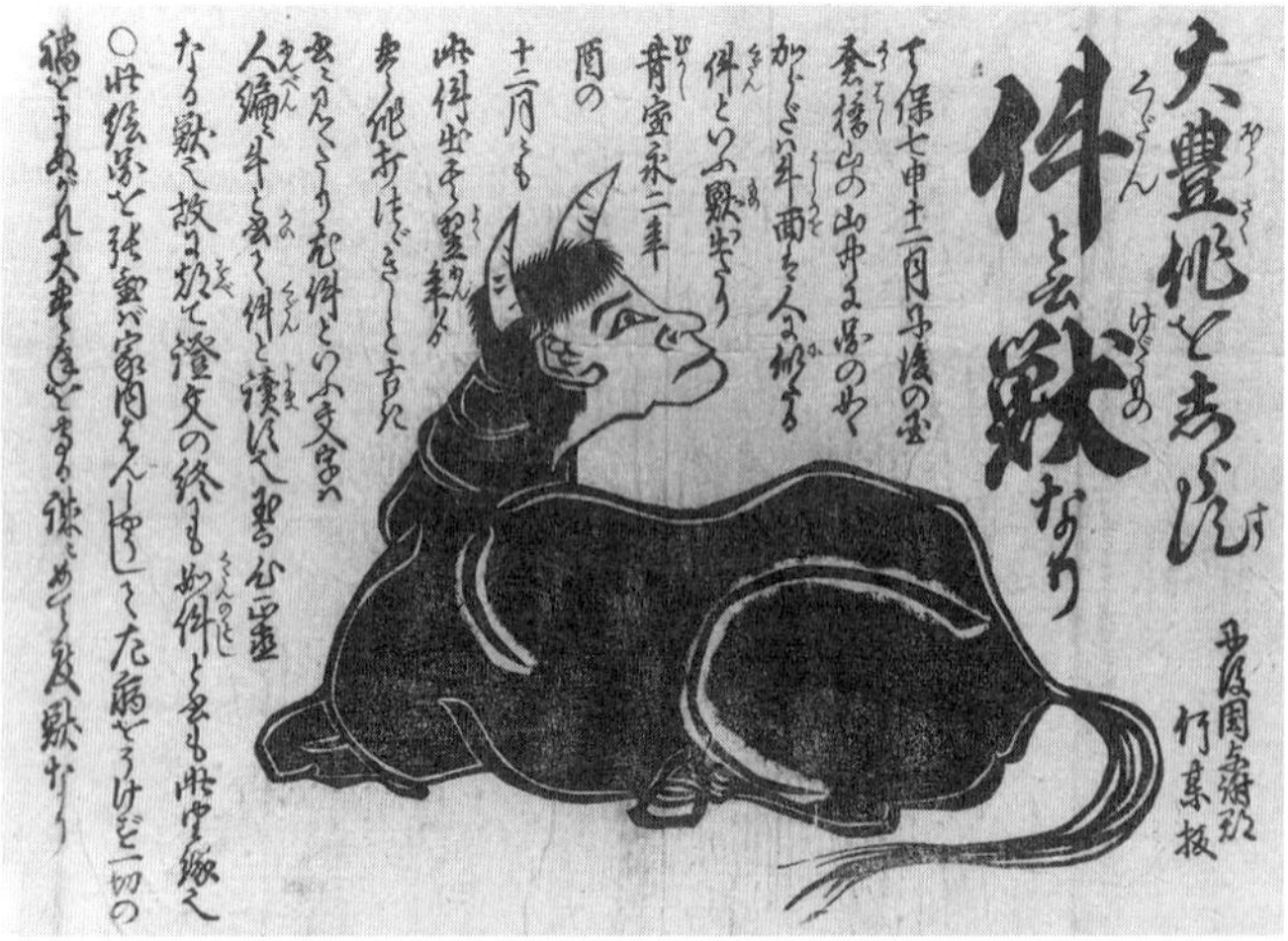

瓦版「大豊作を志らす件という獣なり」
（徳川林政史研究所蔵）

り。一日山深く入て尋ね覔《もとめ》しに、下に図せし如くなる山精顕《あらは》れ出て、我は年久しく此山に住めるクダべといふ者なり、今年よりして三五年の間、名もなきえしれぬ病流行して、草根木皮も其《その》効なく、扁鵲《へんじゃく》、倉公も其術を失ふべし、されど我が肖像を図写して、一度これを見ん輩は、必《かならず》其災難を免《まぬが》るべしと告畢《つげおわり》て、かき消すやうに失《うせ》にけりといふ。近年流行せし神社姫の類にて、好事者《かうずしゃ》の申出《まうしいで》せし戯作《げさく》、一笑すべし。

との記載がある。どうやら「件」の異種らしい。

ところで、この風変わりな動物の生息圏を追跡すると、もともとは九州並びに中国地方が本場だったようである。民俗学者桜田勝徳の報告にそれがある。一九三二年（昭和七年）、九州の漁村では次のように伝えられていた。「件のいう事は決して間違いはない。それで昔から件の如《ごと》しという事をいうのである」と。

これをみると、九州の「件」は書式に通じていて、よほど洒脱《しゃだつ》だったようである。

これと比べてみると、東都にはじめて紹介された百間の「件」は、ローカル・カラーがかなり強かったというべきであろうか。

第二次大戦末期に現れた「件」

内田百閒は、岡山市の出身であった。「件の話は子供の折に聞いた事はある」と記すのを見ても、「件」の話は、その地方では早くから取り沙汰されていたのが判る。そしてこのことは豊島与志雄の文章からも裏付けるのが叶えられる。豊島は随筆『「沈黙」の話』の中で次のようにいう。

関西方面の伝説に、「くだん」というものがある。百年に一度くらいしか生れないもので、その形は人頭牛身、ギリシャ神話のミノトールの丁度逆であって、また、ミノトール（牛頭人身）やサントール（人頭馬身）が兇猛な怪物であるに反し、「くだん」は一種の神性を帯びている。生れて三年間、飲まず食わず、殊に一言も言葉を発せず、神秘な生存を続けて、そしてその三年の終りに、世の変異を予言して死ぬ。形が人頭牛身であるところから、漢字に綴っては件《くだん》となし、未来に対する予言が必定なところから、世俗もこれにならって、証文などに「依如件」と書くのである。

と。それにつけても、奇怪なこの「件」は、いったい何処から来たのだろうか。国内にあって、ある日突然発想された怪異であるとは、とても考えられない。「人面胴牛」の「白沢」は、中国古代の聖獣であった。しかるにそれは「物を言う」とか「吉凶を予言する」とは伝えていない。ただし、同じく中国の『捜神記』には「牛がものを言えば」とする例がある。『東洋文庫10』（一九六四年　平凡社）の口訳を引けば、そこには次のようにある。

太安年間に、江夏郡（湖北省）の書記をしていた張騁《へい》の車を曳いていた牛が、とつぜんしゃべり出した。

「天下は今にも乱れようとしておりますぞ。私にはだいじな仕事があるのに、私に乗ってどこへ行くのです？」

そのあと、騁の牛はまた口をきいて、

「なんだってこんなに早く帰ったのです？」

と、主人を戒めている。『捜神記』は「故事」を引いて、

「牛がものを言えば、その言葉の内容通りに吉凶を占うことができる」

と説いている。どこか「件」に通じる話ではあるまいか。

さて、西から東上してきた「からだが牛で顔丈人間《だけ》」のこの「浅間しい化物」の「件《くだん》」は、その後、第二次世界大戦末期の都内にも、しばしば〝出現〟した。

当時、この「噂」に手を焼いた旧内務省警保局保安課は時局柄、取り締まりを強化した。警保局発行の「思想旬報」所収の一文、「最近に於ける流言蜚語《ひご》の傾向」は、「戦争の終局近しとする流言も本年（昭和十九年）に入り著しく増加の傾向を示し」とし、さらに、場所を伏せ字にしたまま、「〇〇で四脚の牛の様な人が生れ此の戦争は本年中に終るが戦争が終れば悪病が流行するから梅干しと薤《にら》を食べれば病気に罹《かか》らないと云って死んだ」と紹介している。

そのうえで、わざわざ「治安上相当注意を要するところなり」と付け加えていた。この一文は、紛れもなく「件」の消息を伝えている。

ところで、「戦争が終れば悪病が流行する」との予言に続く「梅干しと薤」はいったいどこからきたのだろうか。思い当たるのは、戦前、民俗学徒の桜田勝徳による九州からの報告である。

そこには「その件の伝授した方法が何処からともなく、はやって来て、軒毎《のきごと》に藁苞《わらづと》を吊《つる》したり、特殊な食物を拵《こしら》えたりする」(『桜田勝徳著作集』第六巻)と記されていた。「特殊な食物」の具体的な内容は不明だが、これが民間信仰にもとづく呪的行為なのは、間違いない。

こうしたことからすると、逼迫《ひっぱく》した状況の中、東都の人々が講じた予防策は、九州の地とほとんど同じ趣だったことが判る。

うち続く空爆の下、過酷な現実に直面しつつ、庶民は、自分の身を自分で守るより仕方ない。その時、彼ら庶民が、窮極の場面で選択したのは、俗信ともいえる伝統的な慣行習俗であった。

つまり、わが身を脅かす危難を退散させる方法は、ネギやニラ、ニンニク、ラッキョウ、あるいはセリといった強いにおいを持つ食物で、それを相手にかがすことであった。これで、外から襲ってくる厄難や悪疾を辟易《へきえき》させ、閉口させて駆逐する。

もとはといえば、この種の仕掛けは、「嗅《か》がし」からきているともいわれる「案山子《かがし》」と同じである。人々は、こうした呪的な力にすがった。この点、梅干しも例外ではない。

理不尽な戦争の災禍から逃れるには、弱い者は結局、古い記憶の底にあった民俗に判断をゆだねるしかなかった。

「件」はそれを示唆したのであろう。こうしてみると、一見怪異な存在のようでいて、「件」こそは、乱世の知者であったような気がしてくる。

鎌倉時代の「牛の如き者」

「四脚の牛の様な人」とは、旧内務省警保局保安課の公的な報告であった。しかし、振り返ってみると、この記述自体、すでに過去の記憶の文脈をなぞった上での表現だったような気がしてならない。

というのも、古い文献になるが、鎌倉幕府の史書『吾妻鏡』には、これと重なるような記述が見られるからである。

時代を溯って約七百五十年前、一二五一年（建長三年）三月、浅草寺に前例のない事件が起きた。その部分を次に記そう。

六日　丙寅　武蔵国浅草寺に牛の如《ごとき》の者忽然《こつぜん》として出現し、寺に奔走す。時に寺僧五十口《く》ばかり、食堂《じきどう》の間に集会《しゅうえ》するなり。件の怪異を見て、廿四人立所《たちどころ》に病痾《びょうあ》を受け、起居進退ならず。居風と云々。七人即座に死すと云々。

いったい何事であろうか。いかに公の記録とはいえ、あまりに奇態な内容である。第一、「件の怪異を見て」二十四人の僧たちがそのまま病に倒れ、あまつさえ七人の者が即死したとは、容易なことではない。一寺の異変としては、事が大き過ぎはしないだろうか。

今さら勘ぐっても仕方ないが、それでもこの時、実際に浅草寺に起きた変事は、はたして「食堂」での集団食中毒か、それとも意図的な謀略がらみの毒物混入事件だったのか、単なる不慮の事件とはとても考えられない。

事の顚末《てんまつ》はともかく、ここで問題なのは、こうした事態の原因を「忽然として出現」した「牛の如の者」のせいにし、また、そうした記述だけで説得しようという姿勢にあると思う。いうなれば、「牛の如の者」がその後、どうなったのか知らなければ、異変が解決したとは納得できない。いったいだれが「牛の如の者」を見たのか。この時も、結局、「過去の記憶の文脈」にしかなかった。

もっともそれをいえば、四国の地に生まれ育った人は、この場合、すぐさま南予地方の「牛鬼」を思い起こすかもしれない。実際、その地の「牛鬼」は「ウシオニ」「ウショーニン」、あるいは「オショウニン」などと呼ばれ、南予地方一帯の祭礼に登場してくる。顔は牛とも鬼ともつかぬ形状で、胴は牛を、尻尾は剣をかたどった練物の一種であって、神輿渡御の先導をつとめる。悪魔祓いをして回る巨大な怪獣である。ほかに山陰の海岸部にも一部にこの「牛鬼」の伝説があるが、それ以外はちょっと思い当たらない。素姓不詳の異様な怪物であった。

ところが、時空を超えて、それは突然よみがえってきた。たとえば、近ごろもその種の報告はあった。渡辺節子、岩倉千春『夢で田中にふりむくな』（一九九六年　ジャパンタイムズ）に収められている「牛女」がそうである。なお、これの類話は木原浩勝『都市の穴』（二〇〇一年九月　双葉社）第七章「六甲の牛女・件を追う」にも報告がある。

話の舞台は、兵庫県西宮市の甲山である。

「頭が牛、体は女、の牛女が出るというわさ」を冷やかそうと、男の子たちがバイクで出かける。

悪態をついた後、「気がつくと、後ろから何かが追いかけてくる」「四つ這《ば》いの、獣のような女」に迫られて、バイクは転倒、「みんな死んでしまった、と伝えられている」という。

現代の「牛女」の終息

「頭が牛、体は女」の「牛女」に追いかけられた少年たちは、「先頭のバイクが転倒した」ため、後続の者も含めて「みんな死んでしまった」。

せっかく新しい話題を提供したにもかかわらず、兵庫県西宮市の「牛女」は、はなはだ残念な結果に終わった。「はなしの民俗学《フォークロア》」の観点からすると、非生産的な終わり方だったとしか言いようはない。なぜかというと、これでは、少年たちの死とともに、「牛女」の話はほかに類型を派生するいとまもなく、また、話そのものも成長、発展する機会もないまま、その場で一方的に閉ざされてしまったからである。

この場合、従来からの約束事からすると、「四つ這《ば》いの、獣のような女がすごい速さで走ってくる」。それを見て仰天した「男の子たちは全速力で逃げた」が、瞬く間に追いつかれてしまう。その際、オートバイの少年たちは咄嗟《とっさ》に持っていたある物を相手に向けて投げつける。「牛女」が品物に気を取られている間に男の子たちは走り去るが、女は再び迫ってくる。やむなく再度物を投げて時間を稼ぐが、妖怪はまた追いすがる——。

追いつ追われつ、おおよそこういった場面を三回繰り返し、そのうえで主人公たちはやっと逃げおおせる。これが古くから行われてきた「話の方程式」であった。伝承文学の専門用語で、「逃竄譚《とうざんたん》」、もしくは「逃走譚」という。わが国では『古事記』の「黄泉国《よみのくに》」のくだりで、イザナミから追跡されたイザナギが呪物《じゅぶつ》を三回投げ、その挙げ句、無事生還した話が著名である。

また、子ども向けの昔話の世界では、鬼婆《おにばば》に追われた小僧が、和尚から授かった「三枚の護《ご》符《ふ》」をその都度投げて、ようやく寺に帰り着く話に人気がある。最近では、「口裂け女」の話で、「ポマード、ポマード」と唱えたり、べっこう飴を投げつけて逃げたりしていた。

こうしてみると、この種の話の魅力は、妖怪からのスリリングな逃走といった場面構成にあった。繰り返し訪れる緊張感を楽しんでいたのである。

ところが、「牛女」の話では、面妖《めんよう》な相手との出会いを紹介した後、少年たちが「みんな死んでしまった」ため、こうした後日談を派生するゆとりがなかった。後刻、さらに物語化する余地に欠けていたのである。

たとえば、そのような事例としては、他に「アマビコ」とか「アマビエ」と呼ばれる妖怪がいて、これの場合がそうであった。「アマビコ」は「件」と同様に、吉凶を予言、予告する不思議な妖怪としていっとき話題を呼び大いに取り沙汰された。事実「瓦版」そのほかに幾通りもの絵姿を残している。それからして、当時の人気の程は窺い知れるものの、ひとたび衰退するや、今日に至るまで再度姿をみせる機会に恵まれることなく、すっかり忘れられてしまった。ただし、これについては最近湯本豪一に「予言する幻獣――アマビコを中心に――」(『日本妖怪学大全』所収　二〇〇三年四月　小学館）という好論がある。
しかし、その意味では、かの「口裂け女」の伸展ぶりはまことに見事であった。「話」としては出色である。次に、その「物語化」の経緯について触れてみたい。

都市型妖怪「口裂け女」

都市型妖怪「口裂け女」の誕生

成城大学大学院に在籍するアメリカ人留学学生、マイケル・フォスターさんは、二〇〇〇年十一月、信州大学松本キャンパスで開催された日本民俗学会第五十二回年会の席上、〝口裂け女〟について発表した。題名は「もう一つの『口裂け女』——変身の力をめぐって」であった。来日中の外国人研究生が、日本の噂話に関心を寄せるのは、必ずしも珍しいことではない。しかし〝口裂け女〟に関してはこれがはじめてではなかろうか。

フォスターさんの発表の趣旨は、話の主人公の大きく裂けた口に、日本における女性の社会的地位の変化、具体的には、発言力の進展ぶりを読みとろうというものであった。一つの解釈である。観点を変えて、読み直しを図ろうとする姿勢は評価してもよい。

この種の分析と解釈がそのまま受け入れられるかどうかは別として、かの〝口裂け女〟に向けて、当時の社会的な背景を勘案しながら、改めてこの話の持つ意味を考えてみよう。

発表を聞きながら、私は、そうか、彼女〝口裂け女〟はテキストとしてもはや読み変えの対象に据えられるほど、古典的な存在になってしまったのかと、うたた感慨にたえなかった。

思えば、一九七九年（昭和五十四年）の初夏のころ、デビュー当時の彼女はまことに颯爽《さっそう》としていた。みどりの黒髪を風になびかせ、赤い服に赤いマントを羽織る、長身の色白の美女であった。しかるに、何事であろうか、ピンクのマスクをして、道ですれ違う人ごとに「あたし、きれい？」と尋ねる。「きれい」と答えると、おもむろにマスクを外し、耳まで裂けた口を見せる。相手は驚いて声が出ない。すると、突然、隠し持った鎌《かま》で切りつけてくる、というのであった。

ひとたび、この「噂」が発生するや、子どもたちは一斉に恐れおののいた。なぜなら、〝口裂け女〟は、主に下校時の児童生徒の前に立ちはだかり、しかも、いったん襲いかかると、彼女は異常な速足で追いかけてくる。「百メートルを十一秒台」、いや「六秒で走るから絶対に助からない」などと、取り沙汰されたからであった。その速さに関しては、ほかに白バイよりも速く駆け抜け、ただし新幹線には追い付けなかったという話もあった。

噂は噂を呼んだ。こうして、神奈川県平塚市では、「パトカーが近所を巡回して〝口裂け女が現れます。早く家に帰りましょう〃と注意を訴えた」し、北海道釧路市では「東京に出現してから二、三日すると札幌に着いた。その後、釧路に現れた。そのため帰宅する生徒には注意を求められた」(『日本の世間話』拙著。一九九五年　東京書籍)といった具合に、瞬く間に日本中を席捲した。

けれどもなぜか、姿を見せたのは、いずれも都市部に限られていた。

たとえば、突如南下した彼女は、やがて沖縄は那覇市の国際通りにある三越デパート前に姿をみせた。しかしさらに南漸して八重山に至ったとは聞いていない。つまり、それは、まぎれもなく、都市型新妖怪の誕生であったのである。

昼間の都市に現れる妖怪

これまでに私たちが久しく承知してきた日本の妖怪は、おしなべて陰湿であった。彼らの多くは夜陰にまぎれ、おどろおどろしい姿で、墓地や古寺、古屋敷、あるいは村はずれの四辻《よつじ》、橋のたもとといった場所によく出現した。なかには、深山幽谷の地を住みかにして、たまたま遭遇した里人を威嚇したり、動転させたりもした。いずれも、暗い情念をたぎらせた、異界からの使者であった。

しかし、子どもたちの話題をさらった〝口裂け女〟は、伝統的な妖怪に関するこうした通念を否定する形で、ある日、突然、街角に登壇してきた。鮮烈かつ、画期的なイメージのもとに現出した、革新派の妖怪である。

彼女はまず、足元の明るいころから都市の人込みの中に出没した。若く健康的な態度をまるで誇示するように現れ、そのうえで、いったん相手を脅かすと、自慢の脚力を駆使して下校時の児童生徒を追い回した。まことに派手な行動力を持っていたのである。

もっとも、こうなると、子どもも負けてはいない。目には目を、歯には歯をとばかりに応戦し始め、だれが言うともなく〝口裂け女〟の弱点を探し出すと、やがて次のような情報を交換し合った。

〝口裂け女〟は「ポマードが大きらいで、つかまっても〝ポマード〟と叫ぶだけで逃げていく」「ベッコウ飴が好物で三個やるとニコニコして立ち去る」「キャンディーの〝小梅ちゃん〟も大好物」「ポマードを売っている化粧品店ばかりでなく、レコード店に逃げ込んでもセーフ」「〝三〟という数字が好きで、東京の三鷹、三軒茶屋に出没。ツイストの『燃えろいい女！』を六回歌うと出てくる」(『なぞなぞ大爆発』一九七九年八月　二見書房)という具合に、臨戦態勢をしっかりとっていたのである。

こうした材料をみると、「化粧品店ばかりでなく、レコード店に逃げ込んでもセーフ」といったゲーム感覚を経て、やがて「ツイストの『燃えろいい女！』を六回歌うと出てくる」の段になると、こと、〝口裂け女〟に関しては、時間の経過とともに、話の主導権はすっかり子どもの側に移っていったと判断することができる。つまり、彼女はいつでも、好きな所に自分たちで呼び出せる——といった案配である。

もっとも、そうはいうものの一方でその間、子どもたちの側にも知識不足に伴う思いがけぬ失態と誤解もあった。〝口裂け女〟は「隠し持った鎌で突然切りつけてくる」とはいうものの、都会の子どもたちにとっては、この「鎌」が判らない。生まれてこの方、一度も手にしたことはおろか、見たこともない「鎌」がどうして理解し得ようか。これがため「カマ」はしばしば「釜」に取り違えられ、〝口裂け女〟は「釜を持って追いかけてくる」といった奇妙な受け止め方をした処も、実はあった。

しかしそれはともかく、かくしていったん捕捉した妖怪に、容赦はしない。捕らわれの〝口裂け女〟に向けて、子どもたちは大胆にも次々と変容を迫っていった。

三人姉妹の末っ子という役割

各地からの情報にもとづいて、いったん搦《から》め取った〝口裂け女〟に、子どもたちのその後の仕打ちはいかにも手厳しかった。

噂の発生から二年を経るころになると、彼女の象徴であり、かつ特性である〝裂けた口〟について、その形状から推して凶器は鎌と断定され、それでなければ「整形手術の失敗」、ときには熱いコーヒーを飲んだ際の火傷と決めつけられた。

ただ、その経緯は決して単純ではない。そこには個々に言うに言われぬ事情が秘められている。そのいくつかを紹介すると、次のようになる。

彼女は「三人姉妹の末っ子。末っ子があまり可愛いので、上の姉二人がそれをねたんで鎌で口を裂いた。年齢は二十歳。常に鎌を持ち、赤いセリカに乗っている」(山口県下松市)、「三人姉妹で長女は整形手術の失敗で口が裂ける。次女は交通事故でこれも口が裂ける。末娘は長女から鎌で口を裂かれる。それからよその人を襲うようになる」(川崎市)。

さらには、「三人姉妹がいる。一番上の姉は整形手術をして失敗して口が裂ける。二番目の姉は交通事故で口が裂ける。そのため末娘は気が狂って自分で口を裂いて病院に入っていた。そこを抜け出して町に現れる」(神奈川県横須賀市)、「三人姉妹で、三人とも美人だった。もっと美しくなりたい。そこで整形手術をしたが、三人とも失敗して口が裂けたようになった。口だけ裂けて、そのほかは大変美しい」（福岡県鞍手郡）（いずれも拙著『日本の世間話』）――。

こうしてみると、噂の発生時に比較して、〝口裂け女〟はずいぶんと変容を迫られ、しかも明らかに一つの方向を目指して伝達されていったのが判る。つまり、彼女には二人の姉が与えられ、その上であえて話の主人公を「末娘」に設定している。そればかりか、その間、話の進展に絡めて女性の「ねたみ」や「願望」をスパイスに取り入れ、これを事件への引き金に用いるなど、どうしてどうして、これは一種の謀略だと認めなければならないような筋立てになっていた。

現代の情報社会では、いかに〝口裂け女〟であっても、ちょっと気を許すと、予想外の結末を押しつけられる羽目に陥ってしまう。

それではなぜ、彼女は「三人姉妹の末っ子」という役回りを引き受けなければならなかったのか、その点に触れてみる。

口頭伝承における「三」の意味

〝口裂け女〟が「三人姉妹の末っ子」であったとは、噂の発生時にはだれ一人として予期しない成り行きであった。

ところが、時を経るにつれて、話は思わぬ方向に走り出し、瞬く間に「三人姉妹の末っ子」へと進展した。一人や二人の力でなせる業ではない。当然、ここには、こうした話の展開を許容しよう、これに同調して、一層促そうとする多数の意思が強く働いていたと考えるのが、自然であろう。

その時、ヒントになるのはさきに彼女は「〝三〟という数字が好きで、東京の三鷹、三軒茶屋に出没」といったくだりがあったことである。那覇市からは、「国際通りの三越デパートの前」という自信に満ちた報告もあった。

ここで、彼女が「〝三〟という数字が好きで」、ひどくこれにこだわっているのは、この手の話に興味を寄せている人たちの本音であって、おそらくそれは、話の発信者や受信者と思われる人々が、直接話の主人公〝口裂け女〟の心情を代弁した結果だと思われる。

振り返って考えても、実際、話の成長と、物語化への過程には、これまでにもしばしばそうした傾向のあることが指摘されていた。事実、そこに至るまでかなりの揺らぎのあった内容が、物語化して一定の形を保つためには、この種の形式や形態、つまりは〝三〟を機軸とする構想を選択する場合が多かった。とりわけ、それが口頭伝承の時には、昔話「三枚の護符」で触れたように、〝三〟の構成にもとづいて、丁寧に同じ場面で同じ事を三度繰り返す手法が顕著であった。

〝口裂け女〟の話も例外ではない。長女、二女、そして主人公の三女という具合に、事件の顚末を一つずつ述べるのが筋である。この話で〝口裂け女〟を「三人姉妹」のしかも「末っ子」と設定したのは、お手柄であった。なぜなら、古今東西、神話や物語、もしくは昔話の世界にあっても、三人兄弟、三人姉妹の末っ子は、いつも物語や話の決定的なかぎを握る存在だったからである。こうした〝三〟の構造にもとづく物語原理は、基本的には一回目、二回目の挑戦や試みはことごとく失敗に帰する。しかし三回目に、目的は必ず達成された。たとえば、大洪水の後、ノアは方舟から鳩を放つ。最初は何処にも降りられずに戻ってくる。二回目は、オリーブの葉を銜《くわ》えてくる。そして三回目、鳩は戻って来ず、水の引いたことを知る。また白雪姫の話では、彼女は最初は毒の櫛を髪にさされる。二回目は、胸紐で締められて倒れるが小人たちに助けられる。三回目は毒リンゴで死ぬ。ほかにも身近な例を数え立ててみよう。わが国の昔話「猿聟入り」「山梨取り」に始まって、外国の「三匹の子豚」や「長靴をはいた猫」など、子どもたちもよく知っている。「リア王」のクォーデリア姫もそうであった。その意味で〝口裂け女〟は、広く世間に開かれた本格派であったといえよう。

鎌を持って走る女

さて、その上で一つ補っておきたい。そうかといって、別段彼女に入れ込むわけではない。しかし〝口裂け女〟の事蹟に関しては、以前から少々かかわりがあった。ご承知の向きもあろうが、当時、人気抜群、しかも渦中の人たるこの美女を俎上に載せて、最初に論文めいたものを書いたのは、この私であったからにほかならない。爾来、良きにつけ悪しきにつけ、彼女とは付かず離れず、おおよそ二十余年にわたって付き合ってきた。思えば、その頃、みどりの黒髪を風になびかせ、颯爽と街衢《がいく》に登場してきた白いパンタロンの女性も、もはや不惑に達したことになる。佳人が薄命であるのは致し方ない。

そこでここでは、その旧知の仲たる〝口裂け女〟の名誉回復を図る一方、かつての日、彼女の身辺に生じた意外な誤謬と誤解についての修正を求め、併せてそれの本義に向けて記してみたい。

顧みて〝口裂け女〟の話で、ひとたび一部の子どもたちが犯した大きな事実誤認は、さきにも触れたように、彼女の携えていた「鎌」にかかわる錯誤であった。話の発生時から彼女に付いてまわったこの刃物は、元をただせばおそらくは伝統的な〝採物《とりもの》〟の一種ではなかったのかと察せられる。しかしそれはさて措き、現代の都会の子どもたちにとっては、「鎌」自体が判らない。それはまこと無理からぬ話であって、彼等の日常生活にはまったく縁のない道具であった。これがため、口頭で伝達された「カマ」は、その途次しばしば「釜」と受け取られた。その挙げ句、あろうことか「〝口裂け女〟は、釜を持って追いかけてくる」「釜を振りかざして走ってくる」といった、まこと奇妙な風評が拡がった。事実、アンケート用紙の中にはいくつかこの手の表記が認められた。しかし、いったんこの事態を想定して、その情況を思い描けば、これはいかにも奇態な光景で絵にならない。だいいち、そもそもが容姿端麗、お洒落な彼女には至極迷惑な誤伝であった。

もっともこれをして、子どもたちの生活知識の欠如とか、基礎学力の不足だといって退けるのは、いとも簡単である。誤伝はあくまでも誤伝に過ぎず、補うに、そこでは耳元まで裂けた彼女の大きな口と、形状の由来を訴える傷痕にもとづいて、改めて「鎌」自体の説明を施せば、誤解は容易に解けるはずである。

鎌の民俗をめぐる潜在的記憶

ただし、事はそれでは収まりそうにない。何故なら、すでに生成された「物語」の中で、主人公の手にしていた凶器は、この場合、何故選んで「鎌」に特定されていたのか。「鎌」以外の刃物は考えられなかったのか、とする発問に遭遇するからにほかならない。そこでこの際、はっきり記しておくが、今日まで〝口裂け女〟を取り沙汰した文章はその後も跡を絶たないが、凶器を巡って云々した例は一つもない。彼女には大変失礼であったとしか言いようはあるまい。

それにつけても〝口裂け女〟の手にする「鎌」は、そもそもが〝採物〟の一種ではないかという見立て、あるいはそこでの解釈は、はたして彼女の同意や満足を得るに至るかどうか、それは保証の限りでない。しかし、当方としては、話自体を古い物語の枠組みで捉えたいために、そのように理解した。さて、その上で当面の「鎌」について述べる。諸方に展開する状況から推して、彼女が手にした「鎌」は、月形に刃の付いている、それも刃渡り六寸、もしくは六寸一分型の、いわば小形の「草刈り鎌」、並みの「手鎌」ではなかったかと判断する。それ以上の大振りの、しかも直線的な刃の付いた物では女手には不向きであろう。よしんば屈強の武器としてこれを携えても、それでは「百メートルを十一秒台」、いや「六秒台で走」り回るのは不可能ではないかと思われる。だいいち、コートの中に隠し持つことができない。これらによって、凶器はおおよそ特定し得たかと思われる。

話題は次に、凶器としての「鎌」に移る。繰り返して問うようになるが、このとき何故突然

「鎌」が登場してきたのであろうか。すなわち、この話では「上の姉二人がそれをねたんで鎌で口を裂いた」「末娘は長女から鎌で口を裂かれる」といったように、農作業用の「手鎌」が、直接身体損傷の道具、しかも凶器に転じていた。これはいったい何を意味するのであろうか。しかしてここにはどうやら深いいわれ、つまりは、潜在する過去の記憶があって、それが旧い文脈のもとに甦ってきたようである。それというのも、わが国の民俗社会にあって、「鎌」はしばしば禍々《まがまが》しい禁忌習俗に直接かかわる刃物であった。それからして「鎌」を巡っては、きわめて非日常的な習慣が別にあったとしてよい。たとえば、かつて桂井和雄は雑誌「土佐民俗」三十号（一九七五年十二月）「鎌の柄に関する禁忌」の中で、いくつかの具体例を報じて注意を集めた。

そこでは次のようにいう。「昔臨月近い女が死歿したとき、鎌の柄を樫の木につくり替え、身二つにして埋葬する風があっ」た。「妊婦が七、八カ月以降で死歿したとき、身二つにしてやるものと伝え、昔鎌の柄を樫の木にすげ替えて胎児をとり出す風があっ」た。「昔臨月近い女が死歿すると、胎児を取ってやらなければたたるといい、やはり樫の柄の鎌で身二つにしたという」「樫の柄の鎌の禁忌があり、臨月近い女の死没したとき、鎌で身二つにして別々に埋葬した」。さらに『土佐山民俗誌』（一九五五年八月）「埋葬習俗」の「特殊な死について」の

中でも、

難産などで産婦が死んだりすると、胎児をそのままにして埋葬するのを「荷を掛ける」といって忌み、医者によって身二つにして埋葬することにしている——中略——昔臨月の女が死んだりした時、その夫がカシの木の柄の鎌を作り、女の腹をたち割って胎《は》子《ら》を取り出し、二つの棺に納めて埋葬する風があったからであると伝えられている。

と記していた。習いはどこまで広くに行われていたのか、調査は行き届いていない。しかし、ここにみる限り「鎌の柄を樫の木にすげ替える」のは、実は目的遂行のための予備的な手立てであって、そこに行われる終局の習いはあくまでも「鎌」を用いて死者を「身二つにし」、その上で「胎児をとり出す」という、痛ましくも凄惨な行為を訴える内容であった。ほとんど、あってはならないような忌まわしいまでの旧習である。これからして、もしもこの種の「鎌」を巡る旧い慣行習俗と、村の記憶を導入するなら、いまなお「鎌」にもとづく決定的な身体損傷と、それへの潜在意識は決して生易しいものではなかったはずである。

それのみならず、彼女の傷痕とその際用いられた凶器との関係を検証するに、この場合、加害者は鋭利な「鎌」を逆手に握り、下方から上方に向けて、文字通り切り裂くようにして物理的な力を加えたのではなかろうか。女手でもって、相手にこれ程の深手を負わせるのは、衝動的に刃物を振るったのでは不可能で、加害者はこのとき「鎌」を逆手にしていたことが充分考えられよう。不幸にして、たまたまこの予想が当たっていたなら、二人の姉たちはすでに言い訳の立たぬ〝殺意〟の表明を刻印されたとしても、それは最早止むを得まいと、判断されるところであった。

5章

異界から現れるものたち

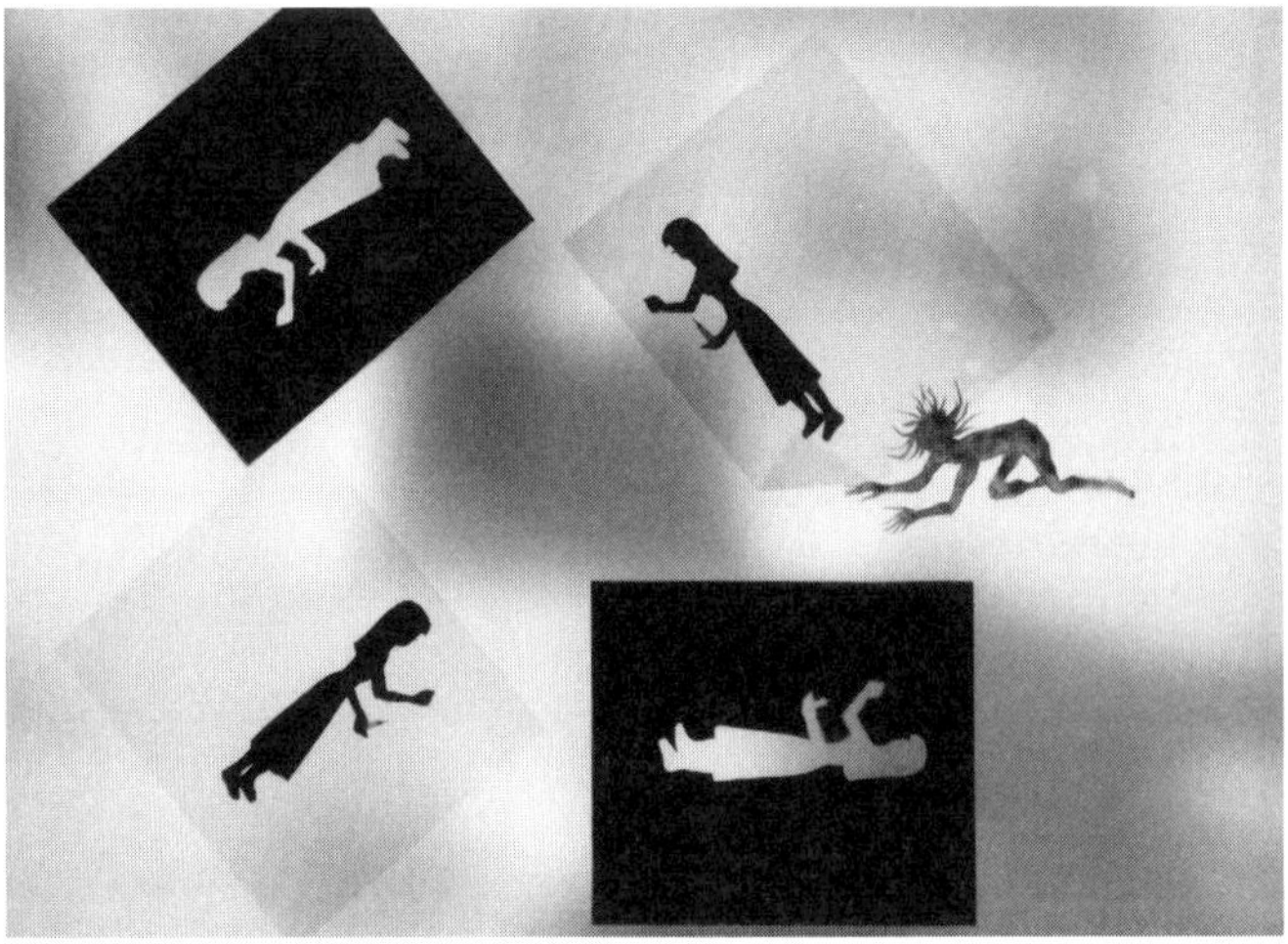

「百物語」の作法

子どもたちの遊びに見る「百物語」

「わらんべは風の子」と、知る知らず世にいふは何事ぞ。ふうふの間のなればなり。

古典落語の祖、安楽庵策伝《あんらくあんさくでん》和尚の『醒睡笑《せいすいしょう》』の一節である。うまいこと解いたものである。「ふうふ」に「夫婦」と、吐く息の「フーフー」をかけた。文字面だけではあまり面白くない。声に出してこそ笑いが立ち上がってくる。

策伝和尚も、充分承知の上だったに違いない。材料はもともと口頭での伝承であった。江戸の風景を描いた数々の浮世絵からも判るように、昔から子どもは風の子だった。一方、大人は「火の子（粉）」と軽口をたたき、もっぱら家の中で火鉢を抱えていた。

風の寒い日も、子どもたちは平気で外で遊んだ。正月といえば、凧揚げ、こま回しにはじまって、竹馬、雪合戦。女の子も負けずに羽根つき、まりつきとはね回っていた。しかし、それに飽きると、次には身近にある唐草文のふろしきを持ち出して、獅子舞ごっこや万歳《まんざい》ごっこになった。大人の世界の見よう見まねである。

〝ごっこ〟にこそ、遊びの核心があり、それはいつも子ども文化の原点であった。意外なところで、見よう見まねは戸外の遊びだけでなく、室内の遊びにも及んでいた。意外なのは、本来、大人たちの夜分の催し物で、しかも至極不気味な「百物語」を、子どもたちが試みていたことである。

「百物語」の会は、今も人気があって、夏休みのキャンプや合宿にしばしば試みられる。ただし、それはほとんど納涼、消夏が目的であった。江戸の子どもたちは、これを正月の遊びの一つにして興じていた。

歌川芳虎が江戸市中の子どもたちを描いた浮世絵『新板子ども遊びの内百物がたりのまなび』では、広い座敷に茶菓子を持ち寄った十四人の子どもが描かれている。うち九人は大きな火鉢を囲みながら怪談話に夢中のようである。なかに一人、箒《ほうき》に着物を着せた案山子《かかし》もどきの化け物をかざした行動派がいて、屛風《びょうぶ》の陰から不意にそれをのぞかせ、仲間を仰天させている。「恠《かい》を話ば恠《かたれ》至る」（浅井了意『伽婢子《おとぎぼうこ》』）といった「百物語」の習いにもとづく絵柄である。

それでは子どもたちがまねた「百物語」を大人たちはどのように催していたのだろうか。

「百物語」の本来の姿

森鷗外の作品『百物語』は一九一一年（明治四十四年）に成立した。作中の主人公が柳橋の船宿を発《た》って向島で予定された「百物語」の会に赴くという趣向である。物語の冒頭近くで、鷗外は次のように記している。

いきなり説明を以《もっ》て此《この》小説を書き始める。百物語とは多勢の人が集まって、蠟燭《ろうそく》を百本立て置いて、一人が一つ宛《ずつ》化物の話をして、一本宛蠟燭を消していくのださうだ。さうすると、百本目の蠟燭が消された時、真の化物が出ると云ふことである

鷗外が説明したように、「百物語」は、席に連なった者が順送りに化け物話を披瀝し合う。その挙げ句、百話に達すると同時にその場に「怪異」が起こるというものであった。

「恠《かい》を語《かたれ》ば恠至る」とは、このことをいったのである。

ただし、これには踏むべき順序や相応の手続きがあった。鷗外の文章はそれを説明していない。さきに触れた『伽婢子』は次のように説明している。

百物語には法式あり、月暗き夜行燈《あんどん》に火を点じ、其《その》行燈は青き紙にて張り立て、百筋の燈芯を点じ、一つの物語に、燈芯一筋づゝ引取《ひきとり》ぬれば、座中漸々暗くなり、青き紙の色うつろひて、何となく物凄くなり行くなり

これによれば、特に闇の夜を選んで席を設け、行燈に火をともして、一つ語るたびごとに各人がそれぞれ、自分の目の前にある燈芯を一本ずつ引き抜いていく。成り行きとして、当然、時が移り、そして暗さを増すとともに怪しい気分が徐々に醸し出されるという仕掛けであった。「法式」とは、このことをいった。作法であり、儀礼であったと読み解くべきであろう。

江戸の町ではこの催しがたいそう流行し、「百物語」を冠する出版物が相次いだ。中身はほとんどが「怪異譚」である。

しかし、夜分に幾人もの者が一所に寄り合い、そのうえでいかにもしかつめらしく一定の

「法式」を守ろうとするのは、まかり間違っても尋常とはいえない。粛々と夜の儀式に参じていたのである。おそらく、これが「百物語」の本来の姿だったに違いない。

浮世絵に見られるように、町方の子どもが見よう見まねで試みていた、正月の「百物語」とは、どんな怪異の出現を期待したのだろう。

「四隅の怪」の源流

見知らぬ誰かを呼び出す遊び

今、若い女の子たちに人気がある怪異譚は「四隅の怪」である。

四角い部屋で四人の人が手にろうそくを持ち四隅に立つ。ろうそくを消し、（1）の人から順に右隣（2）の人の肩をたたく。肩をたたかれた人はまた、右隣の人の肩をたたく。また肩をたたかれた人は……と繰り返す。そして（4）は右隣の人の肩をたたこうとする、しかし（1）は（2）に移動したため、もとの（1）にには誰もいないはずなのだが……。なんと誰《だれ》かいるそうだ。

（不思議な世界を考える会「会報五〇号記念特大号」二〇〇〇年十二月）

この奇妙な遊びは江戸時代から行われ、「お部屋さま」と呼ばれた。江戸風俗研究家、杉浦日向子はエッセー『大江戸観光』の「お江戸珍奇」の中で次のように紹介している。

方法は簡単なのです。家具も何もない四角の部屋の角に一人ずつ立ちます。四人のゲームです。部屋を真ッ暗にして、火をつけた線香を一本用意します。最初の一の角の人が壁づたいに二の角まで歩いて線香を渡し、二の角の人は三の角へ、三の角は四の角へ、とリレーするのですが、ここで四の角の人が一の角へ行くと、一の角の人は二の角へ居るから誰も居ない筈なのに、受け取る人がいて、線香のポッチリした赤い点はいつまでも部屋の四隅を回りつづけるのだそうです。ゾォー……「聖人怪を語らず」とか申します。成程然り。コワイから遊ばないで下さいねッ。

という次第である。

杉浦は最後に、「コワイから遊ばないで下さいねッ」と一言付け加えていたが、その心配をよそに、挑戦者は後を絶たない。

たとえば、

〔事例一〕私が小学校の頃、友達から聞いた話です。ある男の人たちのグループ五人がキャンプに行ったが、山でそうなんして、一人が死んだ。残りの四人は夜があけるまで、凍死しないようにお互いおこしあおうと話した。四人がへやの四すみにそれぞれすわり、死んだ一人をまん中においた。AがBをおこし、AはもとBのいた場所にすわる。そしてBがCをおこしに行き、BはCのもといた場所にすわる。それをくりかえして、凍死しないようにするという考えだ。そしてそれは成功し、四人は無事だった。しかし、よく考えてみると、これは四人ではできないことなのだ。図をかいてよく考えてみればわかると思う。DがおこすべきAは、いないのだ。だってBの位置にすわっているからだ。四人は考えた。きっと死んだ男のおかげだと。（同右「会報二十三号」）

〔事例二〕四つ角の話――ある日、山おくで四人山でまよった人がいました。その四人は、ちかくの山小屋で泊まることにしました。とても寒かったので、ねてしまうと、こごえ死にそうです。四人は考えて、あるいいことを思いつきました。それは一人一人部屋のすみにたって、ある人から走り出し、タッチしながら、ずうっと夜明けまでそうしていようとするのです。そのようにやっていたら、無事四人ともねないで夜明けをむかえました。後から気づいた四人はぞっとしました。それは……。（同右「会報二十八号」）

「お部屋さま」も、現行の「方法」も基本に変わりはない。強いて言えば、最近は、人のいない教室や体育館など、比較的広い場所で開放的に行われている。世代も若く、ゲーム感覚が取り入れられているようである。

それにしても、この怖い遊びが相変わらず試みられているのはどうしたことだろう。指摘できることの一つは、何人かの者が寄って意図してその場に得体《えたい》の知れぬ〝何か〟を誘い出す、もしくは呼び出す仕掛けがあったはずである。

一代の碩学南方熊楠《せきがくみなかたくまぐす》はこれについて、

田辺《へん》辺の俗伝に四畳半の座敷の四隅に各一人居り、燈なしに室の真ん中に這《は》い行くと、真ん中に必ず別に一人立ち居るを触れ覚る、及《すなわ》ち一人増して五人成ると

（『郷土研究』第一巻八号「紀州俗伝」）

と報じていた。

結果としていずれにもそこに共通するのは、その場にだれかが「一人増して」いた点にあった。

さまざまな類似の遊び

ところで、さきに紹介した「お部屋さま」で、真っ暗な部屋に不意に現れる「その一人」は、泉鏡花の作品にも出てくる。一九〇九年（明治四十二年）、鏡花は「一寸怪《ちょいとあやし》」の中で、「膝摩り《ひざさすり》」を紹介した。

「膝摩り《ひざさすり》」というのは、丑三《うしみつ》頃、人が四人で、床の間なしの八畳の座敷の四隅から、各〻《おのおの》一人づゝ、同時に中央《まんなか》へ出て来て、中央《まんなか》で四人出会ったところで、皆がひつたり坐《すわ》る。勿論室《しつ》の内《うち》は燈《あかり》をつけず真暗《まっくら》にして置く。其処《そこ》で先《ま》づ四人の内《うち》の一人が次の人の名を呼んで、自分の手を、呼んだ人の膝へ置く、呼ばれた人は必ず返事をして、又同じ方法で、次の人の膝へ手を置く。という風《ふう》にして、段々順を廻《まは》すと、丁度其の内に一人返事をしないで坐っている人が・人増えるさうで。

という具合にこうして順々に回していくと、その中に返事をしないで座っている人が「一人増える」と記した。

若い女の子が体育館を隅から隅へと走り回って、お互いの肩をたたくといったゲームと比べると、こちらはいかにも不気味な雰囲気だった。鏡花はもともと「現世以外に、一つの別な世界」、いわば「異界」が存在することを信じていた。「膝摩り」の席で増えたのは、その別世界から呼び出された者だと考えていたようだ。それにしても、これはいったい何事であろうか。事もあろうに真夜中、分別のある大人たちが互いに誘い合って一か所に会し、その上で妙に格式ばった習いを踏んで、しかもあらかじめ承知した順序をもって一続きの所為に移る。これからして、まこと意味あり気に運ばれるそこでの有様は、どうみてもある意図のもとに進められる営みであり、そしてまた、特定の儀礼に参加した特別な在りようとしか、理解の仕様はないのではなかろうか。一場の雰囲気としては、それはほとんどある種の入信儀礼を映しているとみて、一向に差し支えあるまいと思われる。もしもそうだとすれば、振り返って、鏡花は何処からこれをもってきたのであろうか。彼自身の創案であったとはとても考え難い。そこで改めて同じような所為を探るに、似た例はまだある。最近では福島県田島町の例、「スマタラこい」(『西郊民俗』百六号)が民俗学者の大島建彦によって示された。また、やはり民俗学者の石川純一郎は『会津館岩村民俗誌』(一九七四年　館岩村教育委員会)で「四隅探し」として次のように報告している。

夜真暗な部屋で、四隅に一人ずつ坐って目隠しし、中央に向って静かに這《は》って行き、頭を撫《な》でると、自分以外に三つしかないはずなのに四つある。不思議な遊びである

「スマタラこい」は「隅から来い」の転化、もしくはなまりではないだろうか。こうした様子からすると、かつて江戸の町で行われた「お部屋さま」は、「お部屋」というよりむしろ「お隅さま」の性格が強かったように思える。

それというのも、米沢藩中で収集された怪談にも、「四人して座敷の四隅にかゞまり居て、燈《あかり》を消し、四隅より各坐敷の真中え這出て、一人、面々の天窓《あたま》を捜《さぐ》」るという話があるからである。

『童子百物かたり』所収「隅のばゞ様といふ事」(『米沢地方説話集』伝承文学資料集第九輯一九七六年五月　三弥井書店)から紹介する。

夜中、静かなる寺江行て、四人して、座敷の四隅にかゞまり居て、燈を消し、四隅より各座敷の真中江這出て、一人、面々の天窓を捜《サグ》り、一ト隅のば様、二すまのば様、三すまのば様、四隅のば様と、あたまを撫《ナデ》てミれハ、我天窓共ニ五ツ也。幾たび撫ても、五ツ有

り。又元のことくに四隅に居直りて、別人か、以前の如く、ば様〳〵と、一トあたまツヽ撫てミれハ、自分かあたま共に五ツ有り。是むかしより、若イ衆打寄の戯れ遊びたる事也。予も十三四の頃、友立に打連《ツレ》て常慶院江行て、比業して遊ひしに、幾度も出直し〳〵て、天窓をなで廻しけるに、四ツの天窓ありて、自分のあたま共ニハ五ツ也。牌寺と云、常々近所ナレハ、遊ひ行たる寺なれとも、何となく小淋うなりて、心迷う物なり。怪異の事共、有れハ有物なり。若イ殿原達、隅のば様して遊ふへし。

この書物には「天保十二年の春　如月十五日の日　蝦蟆亭　八十六耄翁　糠山戯書」とある。「天保十二年」に「八十六歳」といえば、安永四年生になる。数えていまから二百年余前である。城下町米沢藩下には、その頃すでにこの種の「遊び」があり、巷間かつそうした話の伝えられていたのが、これによって判る。

座敷童子《ざしきわらし》と「かごめかごめ」

なぜかしらその場に「一人余計」にいる。それがどこのだれだか判らない。この種の奇妙な話は、宮沢賢治の作品にもある。『ざしき童子のはなし』から、その場面を紹介しよう。

「大道《だいだう》めぐり、大道めぐり。」

一生けん命、かう叫びながら、ちやうど十人の子供らが、両手をつないで円くなり、ぐるぐるぐるぐる座敷のなかをまはつて居ました――

ぐるぐるぐるぐる、まはつてあそんで居《お》りました。そしたらいつか、十一人になりました。

ひとりも顔を知らない顔がなく、ひとりもおんなじ顔がなく、それでもやつぱり、どう数へても十一人だけ居りました――

賢治はこの後「その増えた一人がざしきぼっこなのだ」と説明している。冒頭の「大道めぐりは」は「堂々巡り」、あるいは「行道巡り」がなまったか、転化したのであろう。前者は文字通り、僧侶《そうりょ》が列をなして境内の堂から堂へしずしずと渡り歩くこと。だが、後者は趣を変える。

たとえば、旧暦正月五日、大分県国東町の成仏寺で開かれる「修正鬼会《しゅしょうおにえ》」のありようは、狭い堂内の仏像の周囲を勢いよくぐるぐると走り回った。実にめまぐるしい行である。

「ざしき童子のはなし」の情景は、賢治の身辺で行われた「行道巡り」を描いたものに違いない。どちらにしても、人が同じところをぐるぐる回ることに変わりはない。

ところで、子どもたちが互いに手をつないで輪をつくり、声をそろえて歌いながらぐるぐると回る遊びには、だれもがすぐに思い当たる例がある。

ご存知、江戸の町で人気を博した「かごめかごめ」がそうである。天保十五年（一八四四年）刊の合巻『幼稚遊《おさなあそび》昔雛形《むかしのひながた》』で、戯作者の万亭応賀は次のように伝えている。


此《この》あそびはみな〳〵手をひかれてわになり「かァごめ〳〵、かごのなかのとりは、いつ〳〵ねやる、よあけのまへに、つる〳〵つッぺッた――

（尾原昭夫『東京のわらべ歌』一九七九年十月　柳原書店）


「かァごめ」は「かがめ」、うずくまれという意味である。儒家、大田才次郎の『日本児童遊戯集』には「中央に一人の児童蹲《うずく》み居るなり」とある。輪の真ん中に一人、かがませておいて、周囲では手をつないでぐるぐると回る。さて、その時、「中央の一人」にはいったい何が起きるだろうか。

異界から呼び出されるもの

「かごめかごめ」は、真ん中に一人の子どもをうずくまらせる遊びである。周囲では、仲間が手をつないで、ぐるぐると回った。一方、宮沢賢治は『ざしき童子のはなし』で、「十人の子どもらが、両手をつないで円くなり、ぐるぐるぐるぐる」と回るうち、「いつか十一人」になっていると紹介した。

この二つの子どもたちの遊びを比べると、不思議に共通するところがある。このことから、「かごめかごめ」で真ん中にかがんでいる一人は、どうやら仲間たちがそこで巡ることによって、どこからか導き出された者、つまりは、賢治が記す「十一人」目の者であったと見当がつく。賢治は「その増えた一人」こそ、実は「ざしきぼっこ」だと説いた。

こうしてみると、さきに述べた「大道《だいだう》めぐり、大道めぐり」と唱えながらひとところをぐるぐる回るという行為は、極めて意図的な儀式で、おそらくは、私たちが住んでいるこの世とは違うもう一つの世界から、中央にうずくまる一人、つまりは「ざしきぼっこ」を呼び出す手続きであった。もっと言えば、二つの世界を結ぶ回路であった。

こうした方法は、現代の女の子たちもよく知っている。「霊を呼ぶ」と称して同じことを試みているからである。

具体的に一つの例を示してみよう。物語は、女の子六人が放課後、教室でおしゃべりしているところから始まる。その方法は、四隅に立った仲間の肩をたたきながら、部屋の中を走り回るというものだ。

するとー人が霊を呼ぼうと言い出しました。方法は（下図参照）走っていってかたをたたくのです。二人の子は、恐いからと外に出ていきました。二人の子が待っていても中からは誰も出てきません。心配になり入ってみると、誰もいません。そこは窓から外に出ることはできない高さです。扉からも出て来なかったのに。二人は恐くなり逃げ出しました。次の日も四人は学校に来ませんでした。二人が家に行ってみると、青白い顔で寝ていました。家の人の話によれば、気がついたら家にいて、意識がないそうです。

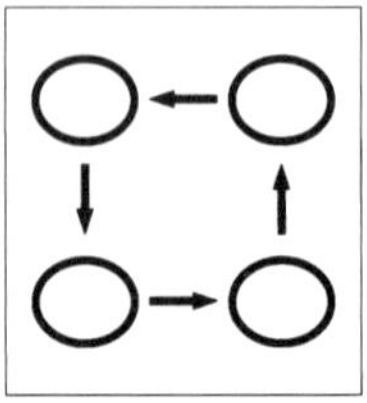

（不思議な世界を考える会「会報十八号」）

この話では、自分たちが呼び出した霊に四人とも拉致《らち》されるという結末になっている。「お部屋さま」を紹介した杉浦日向子は「コワイから遊ばないでくださいねッ」と、注意していた。「コワイ」というよりはむしろ「危ない」というのが実態であろう。

遊びは、古くから「神遊び」、つまり神がかりに由来するものであるから、本来、危ないものである。それにもかかわらず、私たちの回りには、何のけれんもなく、二つの世界を自在に往来する隣人がいた。その名を〝ねずみ〟という。

6章 駆けめぐる鼠と猫

「鼠の嫁入り」がもたらす幸せ

この世と異界を往来する鼠

「鼠」は、この世ともう一つの別の世界を自在に往来するので、「根の堅洲国《かたすくに》」、つまり地の底の国の住人だと思われた。鼠の語源が「根住《ねずみ》」、「根棲《ねずみ》」にあるとされるのは、こうした考えにもとづいている。

ひとびとは地中に独立した「鼠の国」があると想定し、それを鼠の王国、「隠れ里」と考えた。江戸の浮世絵師、二代歌川国輝の作品「家久連里《かくれ》」をみると、山と積み上げた米俵の上で、一匹がそろばんをはじき、その下では四匹がかりで大福帳を付けている。さらには、小判が詰まっていると思われる大袋を四匹で引っ張り、二匹が後押しして運んでいる。

ほかの鼠と合わせ、総勢二十四匹、にぎにぎしくも、まことに豊かな世界がここに繰り広げられていた。まさに〝欣求浄土《ごんぐじょうど》〟だ。お伽《とぎ》の世界では、これを「鼠浄土」といった。

穴の中に転がり込んだ握り飯を追いかけていくと、主人公の爺《じい》の前には別天地がぱっと広がっていた。異次元、「根の国」である。そこには多くの鼠が寄り集まって、先ほど転がってきた爺の握り飯を餅についていた。この際の囃《はや》しぶりが面白い。

〽貂《てん》や鼬《いたち》　猫さえ来なけりゃ　鼠の浄土　アー　トンカラヤ　トンカラヤ

三つの天敵さえなければ、もはやこの世は「我らの世盛り」とし、さらに

〽孫　曾孫《ひこ》　玄孫《やしゃご》　玄孫に曾々玄孫《ぞんぞりご》、曾々玄孫の後までも　猫の声は聞きたくねえ

人間顔負けのはしゃぎようである。その間、鼠の餅つきともなれば、銀の臼に黄金の杵が用意され、打つほどにつくほどに、大判、小判がザック、ザックと溢れ出たというからすごい。「鼠の王国」はいつも、ゴールドラッシュだったのである。

このように、鼠は、他の動物たちとはけた違いの金持ちで、福分に恵まれた長者であった。十二支の中で一番に据えられた理由は、案外、ここにあったのかも知れない。

だが、それはそれで、鼠たちにも悩みはあった。かつての国定教科書(第四期)の「小学国語読本」が、

ネズミ　ノ　アカチャン　ガ、生マレマシタ。ダンダン　大キク　ナッテ、ヨイムスメ
ニ　ナリ　マシタ。(中略)コンナ　ヨイ子　ヲ、ネズミ　ノ　オヨメサン　ニ　スル
ノ　ハ　ヲシイ

という一文を掲載したのも、どこか判るような気がする。

江戸で人気の「鼠の嫁入り」

鼠は自分の娘を、世間でもっとも名声の高い者に嫁がせようと思い立った。

彼は、最初に太陽を訪ねて行った。鎌倉時代に成立した無住法師の仏教説話集『沙石集《させきしゅう》』に収められている話では、この世界中を照らし出してくれる「日天子《にってんし》」の徳は高いと思った鼠が、朝日に向かって「私には娘がおります。姿形もなかなかのものです。お嫁に差し上げましょうか」ともちかけた。ところが、太陽は「私は確かに世界中を照らし出すが、雲に隠れれば

光を失ってしまう。だから、雲を婿にせよ」と辞退した。

そこで、鼠は次に「雲」、さらに「風」、「築地《ついじ》」（土塀）といった具合に順送りに訪ね回る。早い話が、ていのいいたらい回しである。しかし、最後には「鼠ニホラル、時、タエガタキナリ」との「築地」の一言を耳にして、何よりも優れているはずの鼠を婿にとった、という結末になっている。わが国の文献資料としては、これが一番古い。

『沙石集』は、もともと、説教、唱導のテキストと目されているので、この話もおそらくは、善男善女を前にして「是《これ》モサダマレル果報ニコソ」と説かれていたに違いない。

この一篇の話は、循環形式と呼ばれ、山の手線の電車のように巡り巡ってぐるりと回り、とどのつまりは出発点に再び戻ってくる。筋が簡単で、子どもたちにも容易に受け入れられる仕組みであった。

事実、「鼠の嫁入り」は江戸の町では相当の人気を集めていた。著名な戯作者山東京伝《さんとうきょうでん》は『昔々桃太郎発端話説《ばなし》』の「序」に、「それ赤本は一つの趣向を種として、萬《よろず》の笑ひとぞなれりける。竹に鳴く雀《すずめ》は、糊《のり》の為《ため》に舌を切られ、穴に住む蟹《かに》は柿《かき》のために甲を破《わ》らる」としたうえで、「鼠の娶入《よめいり》は男女の中をも和《やわ》らげ、御子様方の御心を慰むるは赤本なり」と記した。

事実、子どもたちは年相応に順次、どのような書物に親しめばよいのか、伊藤単朴『教訓雑《ぞう》長持《ながもち》』（一七五二年〔宝暦二年〕）には「先相応に、仮名書の草紙が読ば、鼠の嫁入、金平本《きんぴら》からそろ〳〵と仕込、漸々に平仮名の本をあてがふべし」といっていた。また、式亭三馬は『浮世風呂』の「二編巻之上」（一八一〇年〔文化七年〕）で、「さやうねへ。私どもの幼少な時分は、鼠の嫁入りや、むかし咄《ばなし》の赤本が此上《このうえ》なしでございました」といったように、いつも話題になっていた。

だからといって、油断はできない。確かに、この話は子供向けの赤本や絵本に頻繁に顔を見せている。しかし、それだけで幼い者たちの間で親しまれていたと判断するのはいかにも早計である。実は、この話を子どもたちに与える大人の側にも絶えず人気があったと考えるべきであろう。それでは何故、大人の間でも「鼠の嫁入り」は人気を集めたのだろうか。

町家の子孫繁栄の願い

いかに山東京伝が草双紙の「序」で「鼠の嫁入り」を採り上げたからといって、「男女の中をも和《やは》らげ」たといった文言は、どうみても子ども向けのメッセージとは受け取り難い。これは、やはり大人相手の物言いでしかない。

もっとも、この一節が『古今和歌集』の「序文」の焼き直しであったのを、当時の読者がどこまで承知していたか、それは保証の限りでない。

それはともかく、江戸の草紙屋の店先で、一連の「鼠の嫁入り」が大いにもてたのは、これにはちょっと気をつけなければならない。というのも、当時、子ども相手のお伽種《とぎだね》ですでに人気があったのは、今日でいう「五大御伽噺《ばなし》」、つまり、「桃太郎」「花咲爺」「舌切雀」「猿蟹合戦」「勝々山」であった。

この五つの話に共通しているのは、話の主人公がいずれも男性であって、日ごろは清貧にして正直か、もしくは臥薪嘗胆《がしんしょうたん》の末、ようやく武勇を示すに至るという点で、いわば勧善懲悪の見本のようなものであった。一口で言えば、家の男の子の成長と出世への願いが強調されていた。「男性原理」が示されていたとしてもよい。

一方の「鼠の嫁入り」の話は、まったく違う。

諺で「鼠の嫁入り」と言えば、あれこれと選んでみても、しょせんは変わりばえしないことを指すし、また「鼠の婿の談合」といえば、いつまでも相談がまとまらない様子を揶揄する言葉で、優柔不断、ぐずぐずしていて一向に埒があかない譬えに使われた。

ただし、絵草紙に見る限り、この手の不名誉はよほど回復されなければならない。

なぜなら、ここには娘の見合い、結納、結婚に始まって、やがて懐妊、出産といった具合に、豊かな町家の子孫繁栄が祝福されていた。つまり、大切な娘の人生儀礼がつつがなく描かれていたからである。

その意味では、こちらは明らかに「女性原理」に貫かれていた。

さきにひとたび『文正草紙』から「人の子に姫君こそ、末繁盛してめでたき御ことにて候へ」という一節を示した。

そのうえで、男の子を重んずる武家とは違って、町家にはおのずと別の考えがあったはずだと述べたが、「鼠の嫁入り」にこそ、江戸の町人の心意気が反映していたと読みとるべきであろう。

変幻自在の猫

猫が登場する、中国の「鼠の嫁入り」

「鼠の嫁入り」は、娘の見合い、結納、結婚、そして懐妊、出産といった一族の繁栄と栄華を象徴していた。そのために祝儀物の一つとして喜ばれた。これは何も江戸の絵草紙の世界だけではなかった。おとなりの中国も事情はあまり変わらない。

〝民間説話〟を中国では〝民間故事〟というが、「鼠の嫁入り」は「老鼠娶親」「老鼠嫁女」、あるいは「老鼠成親（鼠の結婚）」と称し、日本と同じように人気がある。理由は財宝神としての畏敬、さらに強大なその繁殖力にあやかって一層の繁栄を願う気持ちが背景にある。

たとえば「初七娶、十七嫁、二十七添娃娃」（一月七日に鼠の息子が、そして十七日に鼠の娘が結婚した。二十七日に子どもが生まれる）とする「言い習わし」がそうである。

それだけでなく、具体的には旧正月を中心に「鼠の嫁入りの日」が定められ、各地に多彩な慣行や習俗が認められる。中でも印象的なのは、剪紙《せんし》（切り絵の一種）や年画に描かれた「老鼠娶親」で、ひとびとはさまざまな図柄の作品を壁に貼《は》って、祝意を表している。ただし、その際意外なのは賑々《にぎにぎ》しい嫁入りの途中に、突然大きな猫が登場し、あまつさえ、その場で鼠をくわえ込む図のあることである。

これはいったい何事であろうか。広く知られる「鼠の嫁入り」の話は、太陽・雲・風、そして壁（築地）という具合に順繰りに訪ね歩く。ところが、中国では右の絵に沿って、次のように語られている。

母さんは考えた。「そうよ、やっぱり鼠だわ。鼠の婿をさがしましょう」

ところが鼠の婿は「猫がこわい」という。そこで猫を訪ねたら、猫はすぐに承知した。十二月十四日のその日、ラッパにドラの楽隊しつらえ、花嫁籠《かご》で鼠娘のお嫁入り。猫は見るなり一口に鼠娘を食った。

鼠母さんはワーワー泣きながら玉帝（天帝）のもとに行き訴えた。玉帝はさっそく猫を呼びつけた。「なぜ鼠を食ったのか」。ちょうどその時、鼠が玉帝の机上の布巾《ふきん》を穴に引いて行き、机の脚をガリガリかじった。玉帝は怒って言った。「鼠のためにに話してやっている最中に布巾を盗み、机の脚までかじるとは、とんでもない奴だ。猫に食われてしまえ！」

（中国民間文芸研究会湖北分会湖北省群衆芸術館編『湖北民間故事伝説集』一九八二年）

猫、虎、龍をめぐる話

もともとハッピー・エンドで収まるはずの「鼠の嫁入り」に、どうして大きな「猫」が一匹突然割り込んできたのか。これの歴史的な背景や事情を知りたいと思うのだが、これはなかなかやっかいなようである。ただし手がかりは、まったくないわけではない。

「鼠の嫁入り」の話は、素姓や来歴はとても古く、ルーツはインド古代の寓《ぐう》話集『パンチャ・タントラ』に行き着く。成立年代も定かではない文献である。これがもとになり、話は中国やベトナムに、あるいは朝鮮半島、日本に広まった。ところが、その間、話の中に天敵の「猫」が出てくるのは、後にも先にも中国の場合に限られている。そこに謎を解く一つの大きなカギがありそうだ。

たとえば、それは劉元卿（一五五四〜一六〇九）の笑話集『応諧録《おうがいろく》』にも出てくる。題して「猫号」。話は次のように展開する。

男が猫を飼っていた。名は虎猫《とら》。友人からの勧めがあり、「虎よりも龍の方が強いので改めるべきだ」という。受け入れて龍猫にした。それを聞いたほかの人が、龍は雲に乗ろうとしなければ、天には昇れないと説く。そこで雲猫に直した。だが、その雲も風にはかなわないという意見があって、やむなく風猫に変えた。

まだ終わらない。風は壁に遮られるといわれて、壁猫にした。次に壁は鼠に穴を開けられるというわけで、鼠猫とした。しかし、鼠は猫に捕られるので、猫の名は結局、猫になった。

という次第。以上、ご苦労さまというよりほかない。また、これと同じ話は『詞謔』ならびに『一笑散』にもみえる。

容易に気づくように、この話の下敷きにはまぎれもなく天竺伝来の「鼠の嫁入り」が用いられている。それがいったん中国に入って「猫」、そして「虎」「龍」といった具合に添加、挿入されていったとみるべきであろう。「風虎図」で知られるように、中国では「風」と「虎」を組み合わせるのは古くからの習慣であった。そこからさらに「龍」が導かれたと解くことができるであろう。一篇の作品としては、さほどひねりの利いた仕上がりとは思えないが、これが広くウケたらしい。

しかも、話はその後、わが国にも移入されて、ここでも再び人気を博した。それが証拠に江戸落語「落語花之家抄《おとしばなしはなのやしょう》」（一七七八年〔安永七年〕）の「猫」では、猫・虎・龍・雲・牆《しょう》（石や土で築いた細長い塀）・鼠・猫の順に愛猫の名が変わっている。なお、これと同様の趣向はその後、浮世粋史『一読百笑明治浮世風呂』「第九十四　男湯」にも取り入れられている。

鼠よけの呪符としての猫

「鼠の嫁入り」に、やおら猫が現れ、盛大な輿《こし》入れの最中に花嫁は聟《むこ》の餌食《えじき》になってしまう。このような話の展開のもと、そこでの図柄に大きな「猫」が登場して来るのは、中国の「老鼠娶親」独自のもので、ほかの国ではついぞ例をみない。それではこの「大猫」はいったいどこからやって来たのであろうか。今までだれも言及したことがないので、これはおもしろい話題になりそうである。

そのとき参考になるのは、年画「蚕猫《ツェンマオ》」の存在である。中国の江蘇省や浙江省のように早くから養蚕の盛んな土地では、家の入り口にこの手の年画を貼《は》って、鼠を撃退してきた。精確には「逼鼠蚕猫」という。なにしろ鼠は、蚕《かいこ》を食い荒らし、またマユになるとさなぎを狙って出没するので、養蚕農家にとってはいつも難敵であった。それがため、ここに描かれる「猫」たちは、いずれも迫力満点。「猫」というよりは、むしろ〝小さな虎〟といった気配である。この「猫」ならば、鼠ならずとも恐れおののくのはまず間違いない。

ところで、養蚕農家のみならず、鼠の害は常に広く一般に及んだから、この種の「猫」、もしくは「虎」の絵を鼠よけの呪符《じゅふ》として貼っておく習いは、わが国でも一時大いに流行した。たとえば、随筆家、大田南畝《おおたなんぽ》の「一話一言」(『大田南畝全集』第十三巻所収)には、天明、寛政(一七八一年〜一八〇一年)のころ、江戸の市中に白仙と名乗る六十歳ぐらいの坊主が「猫書《か》ふ」と「うかれ」歩いたという記事がみえる。次の如くであ

中国の民画「虎の人形を作るお婆さん」

る。

近比白仙といへるもの、年六十にちかき坊主也き。出羽秋田に猫の宮あり、願の事ありて猫と虎を画きて、社に一枚ヅ、奉納すと云。自ら猫かきと称して猫と虎とを画く。筆をもちて都下をうかれありき。猫書《かか》ふ猫書ふといひし也。呼《よび》いれて画しむれば、わづかの価をとりて画く。その猫は鼠を避しといふ。上野山下の茶屋の壁に虎を画しより人もよくしれり。近比はみえず。

白仙はまた「上野山下の茶屋の壁に虎を画しより人もよく知れり」というから「猫」に近い「虎」、もしくは「虎」もどきの「猫」を描くので、人気があったのだろう。中国の「蚕猫」を思わずにはいられない。

猫の絵といえば、江戸の浮世絵師、歌川国芳は無類の猫好きで、異色の猫絵をたくさん書いた。その中に一枚「鼠よけの猫」と題する大判の作品があって、そこには次のような文言が添えられている。

此《この》図ハ猫の絵に妙を得し（国芳が号した）一勇斎の写真の図にして、これを家内に張おく時にハ鼠もこれをはれバおのづとおそれをなし次第にすくなくなりて出る事なし。たとへ出るともいたづらをけっしてせず、誠に妙なる図なり。

一勇斎国芳もまた屈指の「猫書き」を自負する一人であった。

江戸で流行した猫絵

自らを「猫書き」と名乗って、江戸の市中を徘徊《はいかい》した白仙は〝猫書き坊主〟とか〝旅の猫絵師〟ともいえる風狂の人であった。うさんくさい絵かきである。

ところがそのころ、北関東では、れっきとした家柄の殿様が、四代にわたって猫絵を書き続け、上州・岩松新田の墨絵猫として名をはせていた。それらは俗に「新田猫」あるいは「八方睨《にら》みの猫」「満次郎の猫」とよばれた。

民俗学の板橋春夫の報告によると、岩松新田氏の十八代温純《あつずみ》、十九代徳純《よしずみ》、二十代道純《みちずみ》、二十一代俊純《としずみ》の四人がそうで、現在確認できる最も古い資料は文政五年（一八二二年）の作だという（『民具マンスリー』第二十一巻七号　一九八八年）。その後さらに調査された落合延孝の

『猫絵の殿様――領主のフォークロア――』（吉川弘文館　一九九六年五月）の記述では、「猫絵」が大量に生産されるようになったのは、徳純の代からで、一か月間に三百七枚描いたというからすごい。近隣の養蚕農家からそれだけの需要があったのであろう。

　しかし、何ごとにもよらず物には限度がある。殿様の「猫絵」も乱発し過ぎたのではなかろうか。時代が下るにつれて次第に効き目が薄れたとみえて、信用がなくなってしまった。そのことについて深川出身の随筆家、青葱堂冬圃《せいそうどうとうほ》は「真佐喜《まさき》のかつら」（『未刊随筆百種』第十六所収）の中で、次のようにすっぱ抜いている。

上野国新田郡岩松氏の絵がきたる猫の絵

新田徳純画「新田猫」
（徳純は、安永 6 年〔1777年〕生、文政 8 年〔1825年〕歿）

を張《はり》をけば鼠出ずともてはやしぬ。されど世うつりはて、験《げん》も失《うせ》けるにや

と記した上で、実は以前「四谷湯屋横町押田氏え彼《かの》岩松氏しばしの間逗留《とうりゅう》せし折」自分はまだ若かったが、

かの猫の絵を乞うにまかせ書《かい》あたへられぬ、家にもどり飯粒にて壁へ張しが、翌朝みれば鼠かの飯粒を喰《くわ》んとにや、猫の絵も悉《ことごとく》引さきぬ

といった、ていたらくであった。冬圃は続けて、さらに

又同じ頃江府市中をいやしけなる男、鼠除猫の絵と呼歩行し男あり。望《のぞむ》ものへハわずかの料（金）にて書きあたへぬ。此《この》ものの画きたるは岩松氏にはまさりしよし

と白仙を立てていた。

こうしてみると、江戸の町人は「猫絵」は珍重していたが、その効果はあまり期待していな

かった。しかも〝風狂〟の浮かれ坊主には好意的であったものの、上州の殿様にはかなり冷ややかであったようである。

猫と狐の関係

「鼠よけの猫」は、江戸の下町にもおもしろい記事があった。『新撰東京名所』第二十五編「日本橋区」には次のようにある。

三光《さんこう》稲荷神社は、長谷川町二十三番地にある小社なり。誰いふとなく、三十郎稲荷には猫が寄るとの風説より訛伝《かでん》し（誤って言い伝えられ）て、猫児を見失ひし時、立願《りつがん》すれば験ありとなむ、又鼠除けの守札《まもりふだ》をだすと。

ここにいう「長谷川町」は、いまは堀留町二丁目。社は人形町通りの三光新道を入って、左側にある。通りに店を構える薬局オキナの小畑弘さんが、町会長を務める傍ら〝お稲荷さん〟をお守りしていて、由来に詳しい。「三十郎稲荷」の別名は、歌舞伎役者・関三十郎（二代目）の屋敷内に分霊され、迎えまつられていたからだと説明を受けた。屋敷神だったのである。

「猫が寄るとの風説」は今も生きていて、ここを〝猫神さま〟としてお参りに来る人は後を絶たないそうである。たとえば、日頃慈しんでいた家猫が、ある日、姿を晦《くら》ましたまま杳《よう》として行方が知れない。そのようなときにこのお社に願掛けすると、猫は必ず戻ってくるそうである。事実、その甲斐あって愛猫が無事に帰ってきたとする礼の碑文が境内に奉納されている。これをみてもよほど霊験あらたかであったに違いない。ただし「鼠除けの守札」に関しては、版木があるから、以前は崇敬の念が篤かったとみえる。社殿の正面右には「三光稲荷講」の額を失ってしまったのか、それとも、もともと墨書きだったのか、またそこには「猫」の絵があったかどうか、はっきりしない。「上州の新田猫」を持ち出すまでもなく、新潟県の八海神社で発行する「鼠除けのお札」には、現在も大きな「斑猫《まだら》」が刷られていることから、ここの「守札」には、やはり「猫」が描かれていたと考えるのが自然であろう。

それにしても「稲荷には猫が寄る」というのは、いったい何を意味するのだろうか。ひょっとすると、当時の人々は「狐」と「猫」とは、きわめて近い間柄にあると考えていたのではなかろうか。というのも、文政六年（一八二三年）の柳亭種彦《りゅうていたねひこ》の『江戸塵拾《えどちりひろい》』巻之五には「猫きつねを産」という記事がある。

目黒大崎といふ所に、徳蔵寺といふ禅宗の寺あり。此寺に十数年経し斑猫の有《あり》しが、つねに山に入て遊ぶ。明和元（年）春子をうむに、猫に異なり。毛色は猫のごとく白黒まだらにて、かたち（姿は）猫にあらずして狐なり云々。

年を経た猫は外にあっては狐と交わり、狐を産むと信じられていたのであろう。俚諺《りげん》にいう通り、猫の後ろには狐がいたのである。

化け猫と狼

いままでそこにいたはずの猫がいつの間にか姿を消して、三日も四日も帰って来ない。そのうちにひょっこり戻ってきて、なんのあいさつもないまま、茶の間で居眠りを決め込んでいる。この間、どこで何があったのか、こちらには一切見当が付かない。

日ごろかわいがっている家猫がいったん外に出て、そのうえで狐となじんでいるようだと、町のひとびとが危ぶんだのは、猫の行動には不可解な部分が付いて回るからである。この点、犬は確かにいつまでも犬だが、猫は必ずしもそうではない。

「猫のうしろに狐がいる　狐のうしろに狼がいる」と言い習わされているのも、その本性を警戒したからであろう。猫が狐と交われば、両者は互いにその境を侵すことになり、結果として猫は狐と同様に変化《へんげ》や怪異の主人公になる可能性を得る。おそらくは、そうした理解と発想にもとづいて、近世以後、化け猫や怪猫《かいびょう》譚《たん》が盛んにひとびとの口に上るようになったのに違いない。九尾《きゅうび》の狐といえば妖狐《ようこ》だが、それにならってか、年を経た猫の尾は両俣《ふたまた》に分かれていて、通常この種の老猫は人をたぶらかすと信じられてきた。

寛永三年（一八五〇年）、尾張藩士の三好想山が編んだ『想山著聞奇集《しょうざんちょもんきしゅう》』第五所収「猫俣、老婆に化居たる事」には、その様子がつぶさに記されている。話は、上野国の屋根ふき職人の家でのことで、その家の老母が大酒を飲み続けるので、いかにも怪しい。ある晩「火を打(ち)、あかりを燈《とも》して、寝間を見るに、こはいかに、母にてはなく、大ひなる猫の、母の着物を着し、酒に酔臥《よいふし》て」いた。母は床下に殺されていた。驚いて猫を捕らえてみたところ「大きさは、江戸に居る格別大ひなる犬程有」った。

しかも、その尾の長さは是又《これまた》、犬とは大ひに相違して、四尺程も有《あり》て、先七八寸程二つにわれ、股となり居て、酒は其夜、二升及び呑《のみ》たるよしというのが実態であった。

もともとこのように、年を経た飼い猫が、家の老婆を殺した挙げ句、老婆に化けていたとする筋書きはすでに一つのパターンとなっていたようで、この手の話は決して珍しいわけではなかった。江戸の町奉行、根岸鎮衛《やすもり》の『耳袋』巻之二「猫の人に化し事」も

妖猫古く成て老姥などをくらひ殺し、已れ老姥と成りて居る事あり

と記していた。

ただし、これら一連の「化け猫」譚は、もとをただせば、どうやらそれは「狼」を主人公とする「鍛冶屋《かじや》の婆」という旧い民間説話に行き着くようになりそうである。とかく疎遠になり勝ちな「狼」に成り変わって、常住坐臥、至極身近な「猫」を登場させることによって、話そのものも一挙に大衆性を得て、近世に入り急速に広まっていったものと思われる。

主人の身を守る猫

取り立てて「猫の噂」となると、とかく化け猫、怪猫譚に傾きがちだが、江戸の猫にとっ

て、それはいささか迷惑な話であった。

実際には資料にもとづく限り、猫たちは病気の飼い主に尽くしたり、進んでその命や財産を守ったり、さらには福を招き寄せたりして、名をはせていた。たとえば、前にも紹介した『真《ま》佐喜《さき》のかつら』には、このような珍しい話が載っている。

神田久右衛門町の大工は、妻に先立たれた後、男猫を飼育して、一日働くと夕方には必ず「猫のくふべき物を求めて戻」っていた。しかし、そのうち眼を患って、とても治りそうにない。やむなく、猫に向かって「是迄《これまで》久敷飼置、我《わが》くふべき物も汝《なんじ》にあたへけれど」もう、それもできない。「いかにすべき」と、人に話しかけるように訴えて寝た。

すると「夫《それ》より夜となく昼となく」、猫は主人の両眼をなめ続けたが、やがて「不思議や目疾次第に快方なし、終《つい》に一眼は治したり」。しかるに「其頃《そのころ》よりかの猫の一眼つぶれ、後いづ方へ行《ゆき》しや戻らず」という〝眼疾治療猫〟とも呼べるような、まことにねんごろな猫だった。

それだけではない。飼い主の命を救った猫の物語もある。当時かなり有名な話だったらしく、宝暦七年（一七五七年）の馬場文耕『近世江戸著聞集』や、安永五年（一七七六年）の読本『青楼奇事烟花清談《せいろうきじえんかせいだん》』にも載っているのは次のような話である。

文政七、八年（一八二四、五年）ごろに、三代薄雲という遊女がいた。ひとかたならぬ猫好きだった。中に一匹よくなついた猫がいて、薄雲が厠《かわや》に行く時も離れない。「薄雲は猫に見入られし」という噂が立った。

その日も、薄雲が厠へ立つと「何方《いづかた》より猫来《きた》りて」同じように入ろうとする。これを見て揚屋《あげや》の主人は「脇差《わきざし》を抜き、切りかけしに、猫の首もたまらず打落とす。其《その》首とんで厠より下へくぐり、猫の胴は戸口に残り、首は見へず」という、異常な事態になった。そこで改めて探したところ「大きな蛇の住居して居たりし其所へ、件《くだん》の猫の頭喰付て、蛇をくひ殺していたり」というのであった。刀ではねられた猫の首が宙を飛んで外敵から主人の身を守ったのである。

わが国では〝猫の首〟はしばしば話の主題になっていた。

たとえば、原武男『奇話珍話秋田巷談』（一九七一年六月）は「飼い主の女房を救う猫」として次の話を紹介している。

由利郡矢島領の松垣仁助という家に古くから飼っている猫がおった。仁助の妻が便所へいくたびに、猫がつき従って便所にはいって行くのが常であった。その猫の挙動が変っている。便つぼに向かって目をいからせ、牙をむき出し、いがんで、たけだけしいことがたびたびあった。妻はこれをふしぎに思って、仁助にこのことを告げた。

不審に思った仁助は、みずからこれを確かめようと、ある夕暮、短刀をふところにし、妻の衣装を着、手ぬぐいで顔をおおって、女房の姿で便所に行くと、やはり、猫がついてきた。目をいからかし、牙をむいて、何物かに襲いかかろうとすること、妻の話と少しも変らない。気味が悪くなった仁助は、しのび込ませていた短刀で猫の首を切り落した。ところが猫の頭が便つぼに飛びおりて、そこにいた大きな蛇ののどにかみついた。蛇は七転八倒して、ついに胴体のない猫のために食い殺されてしまった。この大きな蛇がいつの頃から仁助の妻をねらっていたものか、とにかく猫がいなかったら、きっと妻の一命が断たれてあったことだろうと人びとの話であったが、それにしても仁助の誤解から、このような忠猫を殺したことを残念に思い、忘れるひまとてなかった。

その後、仁助がちょっとしたことから病の床につき、はりの医師、灸《きゅう》の医師に至るまで診断を受けたが、そのききめがなく、日に増し弱りはてて、ついには地獄の餓鬼のように手足が細り、腹は高く張って、日々排せつする糞はみな土ばかりで、うめき苦しむさまは見るも気のどくなものであった。苦しみ果てて、とうとう死んでしまった。仁助は義民八右衛門事件に関係した検地奉行で、多くの農民を悩ました天罰だろうとの評判もあった人である。

この話は『鳥麓奇談』に載っている。一名『矢島仁佐衛門実録』といった。著者は矢島町の魚商三船直吉。筆名を天外山人と称した。近辺で著名な「噂話」であったのであろう。

「猫の首」が呼び起こす記憶

まだある。原武男は続けてこの種の話を示していた。次の例は松平定信の『退閑雑記』所収のものである。

それに似たる事あり。よく小児輩も知る物語なれど、いつはりとは聞へねばしるし侍るなり。

或もの猫を飼おけるが、かはやへ行けば、必ずつきそひて行くにぞ、人々あやしみて猫の心はかられず。若《もし》くはかはやは人遠きところなれば、飼主を殺してんなどはかるにや、いかにもいぶかしと心つきて、かの猫のかはや供せんとかけ行くを、かはやの戸口にて、匕首もて猫の首を切落しければ、大きなる口なは（注、蛇）の咽もとにくひ入て、口なは死してありけり。死に至りても忠とげし心ばへ、いといたう殊勝におもひて、あつく葬りしとぞ。よく似たる物語なり云々……

こうしてみると、その頃、この手の話は大いに流行したと認められよう。

ところで、一刀両断のもとに切り落とされた猫の首が宙を飛んで、主人を狙う大蛇に食らいついていた。こうした愛猫の執念を訴える物語は、外来の話の焼き直しで、残念ながら、江戸の町を舞台に成立した創作ではなかった。それも、遠くインドからの移入説話が原型であった。

インド古代寓話《ぐうわ》集「パンチャ・タントラ」については、すでに一度紹介したが、それの第五巻第二話に「マングースを殺した女」がある。日頃、若夫婦から愛されていたマングースが、二人の留守に侵入してきた黒蛇と戦って、その家の幼い子どもを救ったが、それにもかかわらず、血にまみれていたために誤解を受けて、主人から殺されるという筋である。「崇高なマングース」として、インドでは現在も人気のある寓話の一つである。

おそらくこの話が、いつの日か、どこかの国を経て、何かの機会に日本にたどり着いたに違いない。その意味では「鼠の嫁入り」の話と、少しも変わるところはない。ただし、マングースは、わが国に生息しないため、代わってここに犬、もしくは猫が用いられたと考えられる。昔話としては「忠義な犬」として認められている。また古く文献としては『今昔物語集』巻二十九第三十二話や『三国伝記』巻第二の十八に類話がある。

しかし、そうはいうものの、これが猫、しかも切り離された「猫の首」ともなれば、話は容易でない。たとえば、能登の七尾市では「師走になると、狐が鳴きながら村へ出てくる。これは山の神様へ納める年貢を探しにくるのである。狐は猫の頭一つ、古筵《むしろ》二枚、油揚三枚を納める」（「猫の話」雑誌「旅と伝説」百十四号）というが、ここには明らかに「猫の首」を神への供物、それも牲《にえ》とする習俗が認められるからである。

それがあってか、私どもの間には「猫の首」といえばそれだけで、禍《まが》々《まが》しきもの、不吉で忌まわしい出来事を思わせる、いわば〝事件のキーワード〟といった心情が奥底に隠れている。これは現代の都市伝説でも例外ではない。

たとえば、時代は変わっても、いつもその時々に人気絶大、しかも一世を風靡《ふうび》しつつある食べ物（屋）、もしくはそれの提供者、わけてもこれが外食の場合には、そこの肉に異物が混じっているとか、まったく他の動物の肉そのものだろうというような噂が性懲りもなく繰り返されてきた。その時、「猫」「猫の首」は、いつも人々の記憶を呼びさますのであった。

7章　旅をする狸

能書家の狸たち

隣り合う猫と狸

猫と狐は、一見かけ離れた存在のようで、実ははなはだ近い間柄であった。しかもあやしい関係である。それと同じように、猫は狸とも深いかかわりがあった。

奈良時代の仏教説話集『日本霊異記《りょういき》』には「禰古《ねこ》」と註《ちゅう》をつけている。その後「野猫」ともみなされた。古く、経書《きょうしょ》とともにやってきた「唐猫《からねこ》」とは別に、わが国には野生の猫、つまり山猫のようなものがいて、それと「狸」とは紛らわしかったのかも知れない。そうした事情があってか「猫と狐と狸」は、しばしば三者で混じり合って一つの物語世界、あるいは独自の小宇宙をつくっていた。

江戸末期から明治半ばにかけて戯画を多く描いた、河鍋暁斎《ぎょうさい》（一八三一年〜一八八九年）の「鳥獣戯画　猫と狸」にも、二股の長い尾の白い猫と大きな狸、それにもう一匹、狐に代わってイタチとおぼしき動物が輪になって踊り狂っている（『河鍋暁斎戯画集』一九八八年　岩波文庫）。それほどに彼らはしたたかな、お仲間であった。

こうしたことから、猫をテーマにする話は、そこでの主人公をそのまま「狸」に置き換えられる。たとえば、すでに紹介した遊女・薄雲の危難を救った「名誉の猫」は、その後「猫塚」に祀られたが、さればとて狸も負けてはいない。貧乏寺の和尚を助け、一躍その名を轟《とどろ》かすようになった、ご存知「文福茶釜」がそうである。大田南畝《なんぽ》の「一話一言」（『大田南畝全集』第十五巻所収）では、こう紹介している。

上州館林茂林寺（禅宗）より一里ばかり西に狸《むじな》塚といふ村あり。一村狗《いぬ》を畜《か》ふ事を禁ず。高源寺といふ寺あり。茂林寺の末寺也《なり》。かの文武火の茶釜は弐《に》斗ばかりいるべき大きなるもの也。蓋《ふた》はなしと云。高源寺開山を正鶴（守鶴とも伝わる）といふ。今より二百八十年ばかりも

巖谷小波『日本昔噺』
「文福茶釜」表紙

むかし也と、狸塚のもの丈助物語れり。

と。このあと南畝は「此頃《このころ》茂林寺の守鶴の書《かけ》るもの墨本にしたるを得たり。書も見事也」といっている。異伝によると、狸も能書家であった。ますます油断はできない。

それはともかくも、右の記録は文政三年（一八二〇年）だから「二百八十年」前は天文九年（一五四〇年）になる。今から四百六十年も「むかし」の狸話であった。しかも、これは早くから江戸にも聞こえていて、当時評判の噂話であった。

さまざまな「文福茶釜」

江戸時代の俗語や諺を集めた、漢学者太田全斎《ぜんさい》の『俚言《りげん》集覧』に「文福茶釜に毛がはへた」という言い回しが載っている。「化けの皮がはげた」とか「正体を現した」といった意味で、その頃のはやり言葉であった。茂林寺の狸の話は、よほどひとびとの関心を集めたとみえて、文人らは競ってこれを取り上げた。

海保青陵『経済話』（『日本思想大系　44』岩波書店）には「随分目ノ早ヒ、耳ノ早ヒ、心ノ早ヒ男を撰ミテ、江戸ノ風ヲ見セテ、直ニ国元へ注進スル」といった役割の男を記しているが、この種の話もおそらくは、そうした風潮のもとに都鄙の間を駆け巡ったに違いない。江戸の町奉行根岸鎮衛《やすもり》もその一人。随筆『耳袋』巻之八には「文福茶釜本説の事」として、わざわざ茶釜の図まで示して、次のように記していた。

館林の出生のもの語りけるは、館林在上州青柳村茂林寺といふ曹洞禅林の什物なり。むかしは、参詣の者にも乞ふに任せ見せけるが、今は猥《みだ》りにみせざるよし。さし渡三尺、高さ弐《に》尺程の唐銅茶釜なり。此《これ》に図する形にて、茂林寺に江湖結斎の時、むかし大衆に茶を出すに、煎じ足らずとて、そのころ主事たる僧守鶴といへる、是《これ》を拵《こしら》へさせし由。守鶴はいつ頃より茂林寺に居けるや知《しる》ものなく、老狸の由申伝へしと云。

「本説」、つまりこれこそがものの根拠となるべきだ、と意気込んだところが面白い。文福茶釜に向けては、世間で幾通りかの話が広まっているが、ここに記したのが正伝だと強調しているのである。いかに多くの風説、風聞が飛び交ったとはいえ、お奉行さまが直々に狸を〝裁いて〟いるのだから江戸の町も結構、のどかであった。

しかし、こうした知識人の目と筆がなべて上州館林に注がれていたとき、実は彼らの足元には正真正銘、〝江戸前の文福茶釜〟がちゃんと用意されていた。人呼んで、深川は心行寺の〝泣き茶釜〟といった。

心行寺は浄土宗で、現在の江東区深川二丁目にある。『江戸名所図会』にもみえる名刹である。ちなみに、このことについて小説家泉鏡花は、作品の『深川浅景』(一九二七年〈昭和二年〉)のなかでこう紹介している。

——なぜか、私も湿っぽく歩行《ある》き出した。

「その癖おかしいじゃありませんか。名所図会なぞみます度に、妙にあの寺が気に成りますから、知ってゐますが宝物に(文福茶釜)——一名(泣き茶釜)ありはどうです」

このとき、鏡花を案内したのは誰だったのだろうか。

江戸の泣き茶釜

泉鏡花は何によって心行寺の〝泣き茶釜〟を知ったのか。『新撰東京名所図会』に載る、次の一節かもしれない。参考までに示すと、第六十三編「深川区の部　其二」に「心行寺は。亀

住町四十三番地に在り。雙修山と号し。養源院と称す。浄土宗にして芝増上寺の末なり」とした上で、

什宝には、狩野春湖筆涅槃像一幅――及び文福茶釜（泣茶釜と称す）とあり。

と記されている。いつごろから名が付いたのかはわからないが〝泣き茶釜〟とは面白い。湯が沸き立つと、それに似た音を発するので、言いはやされたに違いない。

文福茶釜の「ブンブク」は、いうまでもなく、煮えたぎる茶釜の湯からの〝聞きなし〟である。ウグイスの鳴き声を「ホーホケキョ（法、法華経）」とか、ホトトギスの声を「トウキョウ　トッキョ　キョカキョク（東京特許許可局）」と聞き取るのと同じ趣向である。「ブンブク」の場合は「殊《こと》に此《この》釜八ッの巧徳あり。中にも福を分《わか》ちあたゆるゆへ、文福茶釜といふ」（松浦《まつら》静山『甲子夜話《かっしやわ》』巻三十五）というので、一層人気を呼んだのであろう。

こうした命名の由来は、それはそれで結構だが、「狸」が茶釜に化けて、和尚に恩返ししした話は、実は各地で語られる昔話のひとつとして、広く人気があった。その際、聞き手の子どもたちを興奮させたのは、寺の小僧が茶釜を磨くと、あろうことか、その古茶釜が突然声を出し

て「小僧、小僧、そっと磨け」とか「痛いぞ小僧、さっさと磨け」と訴える。ついで火に掛けると「小僧、小僧、ソロソロ焚けよ」とか「ソロソロ焚けよ、尻が焦げる」と叫んだあげく、ついには文字通り「文福茶釜に毛が生え」て、仰天する小僧をしり目に寺から飛び出すという場面であった。それからすると、〝泣き茶釜〟のいわれは、こうした話の記憶にもとづいていたのかも知れない。

さて、その茶釜に関して心行寺の現住職の鈴木定光氏の先代、在定氏（明治四十一年十一月生）に直接おたずねした。関東大震災の起きたとき、芝中学校一年生の在定氏は、その日は二学期の始業式であった。授業はなかった。友人を伴って、昼前に寺に帰った。間もなく母親に促されて昼の食事をしようと座に着いた途端、凄まじい轟音とともに建物全体が軋み、畳が持ち上がって二人は庭に投げ出されていた。次に在定氏の目に映ったのは、巨大な本堂がゆっくりと潰え、その上に屋根がそのまま覆い被さっていく姿であった。活動写真の一コマを観ているような出来事であった。父親の怒声で我に返った在定氏は、寺にあったすべての位牌を大きな風呂敷に包み、それを背負って鉄砲洲に逃げた。しかし、本堂の棚にあった茶釜は、他の什物と共に焼失してしまったという。そのとき置き去られた茶釜は、大声で泣き叫んだのではなかろうか。

江戸周辺を徘徊した狸たち

茂林寺の「文福茶釜」を紹介した際に「異伝によると、狸も能書家であった」と記した。これを裏書きするように「文福茶釜」と「能書家の狸」をワン・セットにした話は、江戸の近辺でも言い伝えられていた。現、横浜市港南区笹下町の東樹院には、次のような逸話が残っている。

いつのころのことか、ある晩、この寺の和尚のもとへ、たいそうな美人がたずねて来て、一夜の宿を乞うた。寺ではこころよく受け入れて、相応のもてなしをして帰してやった。ところがその美人は、その後再び寺を訪れて、筆を執って、柿本人麻呂の像と「花鳥風月」という四字を書き、これに文福茶釜を添えて置いていった。寺では、後にそれがことごとく狸の仕業であるとわかり珍重していた。

(小島瓔禮《よしゆき》『武相昔話集』一九八一年十月　岩崎美術社)

みやびな「花鳥風月」の四文字はともかくも、「柿本人麻呂の像」を描いたとは穏やかでない。なぜならこの手の「人麻呂」像は、そもそもが「ヒトマロ」「ヒトマル」の語呂《ごろ》合わせから、次に「ヒ　トマル」、つまり「火止まる」の意を引き出し、ついには類焼防止、いうなれば火難や災害を取り除いてくれる護符、あるいは呪符としての威力を期待されたからである。言語遊戯に端を発した民間信仰の一つである。それからすれば、東樹院に世話になった美人狸は、この種の呪法、呪術に通じた古狸か、よほど修練を積んだ御仁でなければなるまい。

事実、江戸周辺の村々を徘徊した狸たちは、いずれ劣らぬ大物ぞろいであって、彼らの〝仕事ぶり〟は記録にちゃんと残っている。中でも著名なのは、板橋区の旧板橋宿本陣を舞台にした話である。

天明年間のこと。鎌倉・建長寺の山内にすんでいた古狸が、山門再建の話を耳にして「僧と変じ、建長の長老と称し、近国を勧進」して歩いた。たまたま、「中山道板橋駅止宿の夜、本陣の紙障子に燈の影うつるを見れば、僧には非ずして狸形なり。狸は是を知らず」という様子であった。翌日は練馬の駅である。「浴をなすとき、婢用事ありて浴室にゆく。然《しかる》にかの僧獣尾ありて、尾を浴桶にいれて」いた。そのとき、狸は尻尾を出した。

（松浦静山『甲子夜話』巻之五十一）

勧進に歩いた狸

建長寺の「長老」は、練馬の駅で正体が露見してしまった。しかし、宿の「主婦」はすべてを胸に収めたうえ「事の漏るを禁じ、その夜も事なくして」済ませたため、狸は「明日又ここを発」して「これより青梅街道を宿次に駕籠《かご》にて送り行く」ことになった。

ところが、駕籠かきの男たちはいち早く「化僧のことを漏れ聞」いていて、噂の実否を試みるべく、ひそかに犬を用意していた。犬はたちまち「駕籠に躍りつき、戸をかみ破りて衣のすそにかみつき、駕籠をひきだし、僧をかみ殺し」た。しかも狸かと思った僧の死体は、いつまで経っても「変ぜざりしかば、駕籠かきども悔恐れて、早々所の役人へ届けたけれど、これにては済まず、その上へ申達」するという騒ぎになった。大騒動である。

もっとも、その死体も三、四日後には「遂《つい》に狸となりてけり」で、一件落着はしたものの、それでも駕籠の中には「勧化《かんげ》の金子三十両に銭五貫二百文」が残っていたという。さすが建長寺の古狸だけあって、よくこれだけの浄財を集めたものだと感心する。

それにしても、行くさきざきで、彼はどうして三十両余の大金を募ることができたのだろうか。理由はさきに記した通り、狸は「能書家」であって、ひとびとはすこぶるこれを珍重したからである。

それが証拠に、板橋駅本陣には墨痕《ぼっこん》鮮やかな、狸の描いた「布袋の図」が残されており、それに「墨画之記」と題する長文の「讃」が添えられていて、『甲子夜話』には資料としてそのまま示されている。

一方、騒ぎの張本人となった「長老」を送り出した建長寺側も、そのままだんまりを決め込むのは都合が悪いとみてか、「山内」のこの古狸の所行に向けては「過日この寺より勧化為すべきこと有《あり》しに、絵符と人馬帳と失て無し」、つまり勧化に必要な書類はいつの間にか消えうせていた。しかも

この外に近来は紙、筆、墨、あるいは画帳の類、間々失亡して人不審せしに、これもて思へば古狸習画の料にせしか

といった内容の、まことに奇妙な声明を発表していた。

それからして、まさしく「これもて思へば」、鎌倉の建長寺と古狸とは付かず離れず、両者は互いに「狸」を決め込んでいたことになる。

古狸の筆跡

旅の途中で正体を暴露されたとはいえ、板橋の本陣から練馬の宿に向かった「狸」は「能書家」であった。布袋の図などは話題の逸品である。

ただし、所によっては同じ「狸」の旅僧でも、あまり出来のよくない作品を残した仲間がいたらしい。

たとえば、滝沢馬琴『兎園小説』、文政八年（一八二五年）「古狸の筆跡」は武州多摩郡国分寺村、つまり現在の国分寺市の儀兵衛という名主の家に、狸の書があったとしている。

この狸も、やはり僧に化けて名主の家に滞在し「京都紫野大徳寺の勧化僧にて無言の行者」と名乗った。

用事はすべて書をもて通じたり。辺鄙《へんぴ》のことゆえ、(名主らは)ありがたき聖《ひじり》のやうにおもひて、馳走《ちそう》して留めたりし。

鎌倉の建長寺に対して、こちらは「京都紫野大徳寺」だと称し、しかも自らを「無言の行者」だと装うのだから、役者としてはどうやら、こちらの方が一枚上だったようである。もっとも、せっかくの「大徳寺さま」もその後、「犬に見とがめられて食ひ殺され、狸の形をあらはしし」という結末。結局は〝同じ穴の狢《むじな》〟に過ぎなかった。

ところで、この「大徳寺さま」の「筆跡」については、ごていねいにも「狸の筆跡鑑定」、もしくは「成績評価」ともいえるような報告書が残っている。

文化十一年（一八一四年）の釈敬順「十方《じっぽう》庵遊歴雑記」（『江戸叢書』巻の六）四編巻之中所収「妖狸の筆」には、「書法は篆字《てんじ》と真字《まなじ》行字とりどりに認め」られ、内容は

文も取違《とりちがえ》しところ有《あり》て、行儀よからず書し物也。いかにも狸などの認めしも（の）ならんと思はる

とさんざんな評価である。さらに、「長年生きた狐や狸は能書家だと伝わっているが、今回の書をみたところでは妄説だとわかった」などと言い切っている。付け加えて、実は宿の当主も「滞留中の始終を考へ見れば、あやしと思ひし事二、三度有し」。

「あやしと思ひし事」の中身については、具体的に何も説明されてはいない。そこでほかの資料を調べてみたところ、その時の旅僧は「食事の際に、家人を退け、一人びょうぶの陰に隠

れてピチャ、ピチャと音を立てて召し上がっていた」そうである。

東京発「狸の偽汽車」

狸の旅の道筋

鎌倉の建長寺から来たとか、京都は紫野の大徳寺で「無言の行」をしているとかいって、旅の僧が宿を求めてくる。受け入れて丁重に遇したものの、いかにも様子がおかしい。

こうした一連の「狸話」に最初に関心を持ったのは民俗学者の鈴木重光であろう。神奈川県津久井郡在住の鈴木は近辺に類似の話が点在しているのに気づいて調べ始めた。その結果「建長寺さま」は、

入浴の際には風呂桶の縁に居て、尾で湯をポチャポチャ叩いて居《お》ったとか。食事中は決して人に見せなかったが、あるところで機転の利いた女中が、膳部を置いて出ながら襖をピシャリと強く閉めると、はねかへって少しすき間が出来た。中をのぞいて見たら、和尚は

それとも知らず、膳の上へ飯をあけ汁をかけて、これに口をつけピシャピシャと食べて居た。
（『相州内郷村話』一九二四年〔大正十三年〕九月　郷土研究社）

などと伝えられているのがわかった。

それだけではない。話の分布の仕方にはどうやら特定の道筋があって、中山道、甲州街道を経て、遂には信州の塩尻に至る。『塩尻の伝説と民話』（一九七五年十一月　塩尻市史談会）には「むじなの書——ある旅僧の書」として、次の報告が載っている。

片丘の北熊井に古くから続いた家で、庄屋をやった家があるが、庄屋時代から現在まで伝わってきた物の中に一本の掛軸がある。

古びた掛軸で、すすけて、一目見ても古い物だと判る物であるが、これには墨痕あざやかに、「南山寿不騫不崩」と書かれている。これは「南山の寿、かけず、くずれず」と読む。

昔、鎌倉の建長寺に住む高僧が、信州を托鉢に回り、一夜の宿を願い、ごちそうになった礼に書き残して、立ち去ったという。

一方、鎌倉街道、さらには〈静岡県〉三島から修善寺を経て、下田街道を南に進むといった状況が明らかになってきた〈後藤江村『伊豆伝説集』一九三一年〈昭和六年〉五月　郷土研究社〉。おおよそ主要幹線道路沿いに広まっている。狸は白昼堂々と表街道を旅していたのである。猫や狐が夜分、人目を避けて裏道を抜けていたのに対して、狸は天下の大道を我が物顔で歩いていたことになる。剛毅《ごうき》で気位が高かったのであろう。

ところが、そうした一徹さが裏目に出たのか、明治維新を経て、文明開化の時を迎えても、狸は一向に頓着せず、文明の利器と正面衝突してつぎつぎに〝自爆〟して行った。代表的な例が今日、都市伝説にいう「偽汽車」である。

たとえば、

〈恵比寿〉発電所脇の踏切付近にいた狸は汽車の真似をして、本物の汽車の進行を妨害する。ゴーシーシューポーと音を立てて汽車に向かって進んでくる。本物の汽車が狸公にぶつかると、狸の汽車は消えてしまい、翌朝見ると狸の死がいが残っていたという。

〈渋谷区教育委員会『渋谷のむかし話』〉

「下渋谷の狐狸ものがたり」と題するこの話は、鉄道敷設後、新たに発生した〝はなしのフォークロア〟の一つだと認められよう。

東京発の新話

時代設定、あるいは状況説明からしても、狸の「偽汽車」の成立はごく新しい。ただし、この話は大層人気があったとみえて、間もなく各地に広まって行った。正真正銘、東京発の新話種、あるいは新話型である。

それというのも、一八七二年（明治五年）鉄道の開設後、数年を経て、最初に犠牲になったのは、品川の八ッ山の狸であった。「偽汽車」第一号である。日本民話の会、望月新三郎の伝える話を、松谷みよ子は「その頃の品川あたりは、波がパシャン、パシャンとくる海岸ぶちを（汽車が）走っていたもんだ」という語り出しで紹介している。

夜になると、こう、陸蒸気《おか》が走っていくと、シュ、ポォーって音がしてきて、向こう側から汽笛を鳴らして、陸蒸気がやってくるんだってよ。はじめのうちは、機関士も、衝突しちゃ、かなわねえから、その度に停まっちゃ、様子をみてたんだ——ある日の夜、いつものように、汽笛が聞こえてきたが、えい、かまうもんかっていうんで、突っ走ったんだ。

するってえと、正面衝突するかと思ったら、何ごともなく走っていっただよ。

一夜明けて、八ッ山の下のあたりの線路のところに、大狸が死んでいたということだ。

（東京に潜む不思議な話。雑誌『東京人』一六七号）


歴史に残る狸の死であった。ちなみに、「八ッ山」とは、現在の御殿山の隣にあった大日山という丘陵の突端が八つに分かれて出洲になっていた地勢からついた地名であった。

参考までにいえば、広重画「錦絵　東京八ッ山下海岸蒸気車鉄道之図」には当時の様子が丁寧に描かれていて、よく判る。

こうしてみると、「大狸」は久しく、この丘陵地帯に住み、夜になると海岸の漁村部に出没してエサにありついていたに違いない。この辺り一帯は彼の縄張りだったのであろう。

ところが、ある日突然、多くの人間がやって来て、何のあいさつもなしに彼の生活道路の獣道を分断し、破壊し、昼夜兼行で鉄道敷設の工事を始めた。うるさくって仕様がない。しかも、ついには得体の知れぬ怪物が轟音をたてて走り出したから、狸は「冗談じゃない！」と思ったのであろう。

「それならこっちにも覚悟がある」。「八ッ山の古狸」は、生活を脅されて立ち上がった。そして遂には、各地の狸たちもこれにならって、〝決起〟し始めるのであった。

都市伝説のはしり

品川の「八ッ山の大狸」は、狸の「偽汽車」第一号であった。狸の歴史の中でも記憶に残る出来事である。松谷みよ子の『現代民話考 3』（一九八五年十一月 立風書房）によると、大正時代には、同じく品川の権現山の狸も、汽車と正面衝突して「レールをまくらに、死んで」しまったそうである。

そういえば『大田区史 民俗』（一九八三年）にも次のような話が載っている。多摩川に近い旧六郷高畑地区でのことだと、明治生まれの平林福松さんはいう。

東海道線が開通して間もないころ、高畑の辺りの線路を、ポーポーって機関車を走らせるものがいる。ほんものの汽車の機関士が、びっくりして汽車を止めると、パッと消えてしまう。何回か続くうちに、おかしいおかしいと思った機関士が思いきって汽車を走らせた。あくる日行ってみたら、狸が死んでいたそうだ。

こうしてみると、すでに紹介してきたように、渋谷は「恵比寿発電所わきの踏切付近にいた狸」、品川は「八ッ山の大狸」「権現山の狸」、さらに「六郷は高畑の狸」という具合に、古くからその地域に住みつき、しかも土地のひとびとに親しまれていた〝名のある狸たち〟は、つぎつぎに「レールをまくらに討ち死に」していった。

それればかりではない。この風潮はその後もとどまるところを知らず、話はやがて郊外に広まって行った。『葛飾の昔ばなし　第一号』（二〇〇一年）は「草深い田舎であった亀有に陸蒸気、つまり汽車が通ることになりました。明治二十九年（一八九六年）のことですから、今から百年も昔のことです」と前置きしたうえで、

最後の汽車を走らせていた機関士はこっちへ向かってくる汽車を発見しました。――毎晩、毎晩だまされてたまるか――機関士はそう思って、今夜はブレーキをかけないで走ると、向こうから来た汽車はぱっと消えていました。

次の朝、村の人が線路で汽車にひかれたムジナを見つけました。

「亀有の見性寺《けんしょうじ》のムジナ」の最期である。

まだある。『我孫子市史　民俗文化財篇』（一九九〇年三月）は、次のようにいう。

国鉄の成田線が開通し、湖北と布佐の駅ができた頃の話である。夕方、湖北から新木への道を一人の小坊主が歩いていると、突然汽笛が鳴り、機関車が現れた。小坊主が、「トガはないぞ」と叫ぶと、機関車は消えた。トガとは、貉のような狸のような狐のようなものだという。

「狸話」といえば、以前はいずれも「草深い田舎」の「村ばなし」であった。それが逆に今度は町方から村に発信されて行った。狸の「偽汽車」は現代の都市伝説のはしりであったといえよう。

狐が主役の「偽汽車」

最後に一言。この種の話に逸速く関心を示した研究者は、遠野郷在住の佐々木喜善であった。「偽汽車の話」（『東奥異聞』一九一四年（大正三年）三月）の冒頭に、彼は「かなり古い時代から船幽霊の方が吾々の間に認められて居たらしい。ただし此の偽汽車だけは極く新しい最近に出来た話である。ずつと古いころで明治十二三年から廿年前後のものであらう」とした上で、岩手県下の例を次のように紹介していた。

自分の所から二十里程の後藤野の話。何でも此の野に汽車がかゝつてから程近い時分のことであらう。いつも夜行の時で汽車が野原を走つてゐると、時でもない列車が向ふからも火を吐き笛を吹いてばつばつやつて来る。機関士は狼狽して汽車を止めるとむかふも止まる。走ればやつぱり走り出すと言つたやうな案配式で、野中に思はぬ時間をとり其の為に飛んでもない故障や過ちが出来して始末に了へなかつた。そんなことが屢々あるとどうも奇怪な節が多いので、或夜機関士が思ひ切つていつものやうに向ふから非常な勢ひ込んで驀然と走つて来た汽車に、こちらから乗り込んで往くと、鳥度真に呆気なく手応へが無さすぎる。其れで相手の汽車は他愛なく消滅したので翌朝検べて見ると、其所には大きな古狐が数頭無惨に轢死して居つたと言ふのである。

喜善の場合「偽汽車」にさきがけて「船幽霊」に触れていた。正鵠を射た発言であったと思われる。論理とすれば「偽汽車」の正体は、その近辺に留まる怨霊だと解するのであろう。もしもこれを鉄道敷設の際、過酷な労役に従ったひとびとの怨恨だと説けば一応の理屈付けにはなるかも知れない。

ただし、この「後藤野の話」では、それが何故「狸」ではなくして「古狐」たちであったのか。喜善は何も言っていない。余計なことのようだが、これには少々訳があるのではないかと、私は思う。それというのも、歴史的にも「後藤野」は由緒ある「狐話」の地として著名であった。冬になると、その雪原に蜃気楼が現出したからである。土地の人は称してこれを「狐の館《たて》」とした。天明八年（一七八八年）七月、三河からの旅人菅江真澄は『いわてのやま』の中で次のように記している。

和賀の郡の后後埜（後藤野）のあたりにて、師走より、むつきに至るまで山市あり、これをきつねの館《タテ》といふ。越の海に海市あり、狐の森といふにひとし。はた、枯杉よりはこなたならん影沼平《タヒ》といふところありて、春雪うち霞たるを遠う見やれば、行かふ人、引かふ駒などの波をかいわくるかと迷ふも、蜃気楼、気見城のたぐひにこそあらめ。

（『菅江真澄全集』第一巻　一九七一年三月　未来社）

こうしてみると、気位の高い狐殿に気兼ねして、いま出来の「偽汽車」の「狸」たちは、ここでは一歩退いていたようである。

あとあとの記

本書は、読売新聞都内版に掲載された「はなしの民俗学《フォークロア》」に一部補綴し、その上、新たに三篇を加えて、構成し直したものである。新聞掲載は、平成十二年九月九日から翌年の九月一日までであった。土曜日ごとの継続で、都合四十三回をもって終わった。終わったといえば聞こえはよいが、馴れぬ仕事に根負けして、一年を目途に勘弁して貰った。読売からはなお続いて紙面提供の意向を頂戴した。それにも拘らず中途半端な回数で済ませてしまったことは、いまでも申し訳なく思っている。その間、影絵作家丘光世氏には迷惑の掛け通しであった。この場を拝借して、氏の尽力に感謝申し上げる。それとともに今回、単行本収録に際しては、本社デスクの寺内氏から格段の配慮を戴いた。記して謝意を表する次第である。

それにつけても「はなしの民俗学」が発表の場を得たのは、最初から終わりまですべて読売本社の好意によるものであった。きっかけは、編集局社会部からの要請で、東京の下町を中心に近頃の面白い話題をコラムに欲しいという話であった。四百六十字の由。「書ける、書けない」の遣り取りの挙げ句、サンプルを二回分渡した。その後間もなく仕切り直しがあって、今度は改めて九百六十字分のスペースが与えられ、連続十回という約束になった。併せて、絵を添えるとの申し出を受けた。担当は社会部の溝井守氏である。
ところが、週一回の掲載とはいえ、当方には初めての試みである。体裁、内容ともに一向要領がつかめない。溝井さんは二言目には「重いテーマを軽く書け」と唆す。それが出来れば世話はない。勢い、見切り発車のようなかたちで緒に就いた。これがため、いざ出発してみるともういけない。予期しなかったことばかり相次いだ。何よりも困惑したのは、その朝になるとほとんど間髪を措かず、読者からの意見や注文が直接届くことにあった。わけても、六、七回目の「こんな晩」での反応は著しく、今更ながら漱石の影響力の大きさを思い知らされる仕様になった。それとともに漱石に限らず、作家たちは常日頃、実にこまめに身辺の風聞、つまりはここにいう「噂話」の類《たぐい》に耳を傾け、しかもそれを書き留めては然り気なく筆にのぼせている事実にも気づいた。たとえば、木山捷平『氏神さま』(『木山捷平全集』第一巻　一九六九年八月　新潮社)には次の一節がある。少し長くなるが紹介してみる。

——話しているうち、十年間も村の消息に接しなかった彼は、山戸からは事変以来ずいぶんの出征兵士を出したが、まだ唯の一人も戦死者が出ていないという事実を知らされた。こんどの事変ばかりではなく、日清日露の役にも誰一人戦死して帰ったものはない。それというのも山戸は土地がよく、あそこの神様は昔から玉よけ上手な神様だからじゃ。ここの店へもちょいちょい寄って呉れる伊八さなんか、日露の時満州で足をうたれて敵に囲まれたが、伊八さは度胸を決めて死んだ風をしていた。するとロシヤ兵が大きな足でどしんと蹴って見て、がやがや言いながら向こうへにげて行った。にげるにはにげたが、目をあけて見るとこんどは味方の居所が分からんことになってしまった。困って居ると白い鳩が一羽おりて来て、こっちぃ来いこっちぃ来いいう所作をして、よちよち歩き出した。それで伊八さはその鳩の後について歩いて行くと、ちゃんと味方の居るところに間違わず出られた。それというのも山戸の氏神様は大の氏子思いで、氏子の命が危ないと思うと直ぐあすこの鳩を使いに出しなさる。そうしてお助けなさる。だから山戸にはいまだに戦死ちうもんが一人も出て居らん――あんた、此の頃じゃ、あんたの所の氏神様のお蔭を受けよう思うて、五里十里の遠方からでも仰山ひとが参って居りますんですぞな……。

戦時中、しばしば取沙汰された例である。松谷みよ子『現代民話考　6　銃後』（一九八七年四月　立風書房）には、類話がいくつか示されている。木山の場合はおそらく、故郷岡山の在所に行われる話を援用したのに違いないが、これなどはその典型であるとしてよい。

それはともかくも、こうしてときどきの話題を提供するにつけても、その頃になってようやく、新聞にこの種の書き物を請け負うのは、並みの神経ではとても立ち行きそうにないというのがよく判った。私にその器量はない。しかるに、一方紙面はすでに危うい一人歩きをしていて、やがてはこちらがそれに促され、止むなく付いて行くような雰囲気になった。伴って、当初の予定がだんだんと延び、遂には手に余ったというのが正直なところである。そうした事情もあって、とりあえずここではそれを幾分補った。

もっとも、予想外のことといえばまだあった。載せて間もなく、これを「音読」、もしくは「音訳」したいとの申し込みがいくつかあった。武蔵野中央図書館を拠点にする市民グループが、交互に「音読」して視覚障害のあるかたがたをはじめ、一般市民に向けて「音」、つまり「声」で届けたいとする主旨である。公共図書館での司書を中心にした〝対面朗読室〟の活用や、さらにはボランティアによる〝読み聞かせ〟活動は承知していたが、「はなしの民俗学」がはたしてそれに見合うかどうかはいかにも心許ない。しかしその際、〝九六〇字前後の読み切り〟といった分量が、この種の活動を担う側にも、一方またこれを耳で受け取る側にも頃合いで、互いに負担にならないのだとする事実を教えられた。同時に「音読・音訳」の場では、文中に用いられる同音異義の扱いが、発声上最大の悩みになるという率直な意見も寄せられた。要するに、これは文字を提供する側の姿勢と、ひとたびは音声を通してそれを享受する側の、いわば立場の違いを、書き手がいかに自覚した上で発信して行くべきかという、きわめて基本的な問題を突き付けられたわけである。私個人としては新たな課題を背負う結果になった。

なお、これらと同様の活動を続けられる江戸川もずの会の納所とい子さん、そして台東区は根岸の里にあって〝朗読サービス『音のボランティア』〟をインターネットで発信する早川慎一・瑞穂ご夫妻の積極的なご支援に篤くお礼申し上げる。続けて一言。大修館書店の岡田耕二氏には今回も負んぶに抱っこ、これ以上申し上げることは最早何もございません。

野村　純一

二〇〇四年八月

［著者略歴］

野村　純一（のむら　じゅんいち）

一九三五年東京に生まれる。國學院大学文学部卒業。岩倉高等学校教諭、國學院大学兼任講師を経て、一九六六年専任講師。助教授を経て、一九八一年教授。二〇〇〇年四月、口承文藝学研究の業績によって紫綬褒章受章。文学博士。専攻　口承文芸。

著書　『昔話伝承の研究』（一九八四年、同朋舎出版）によって第七回角川源義賞（国文学の部）。『日本の世間話』（一九九五年、東京書籍）、『昔話の森』（一九九八年、大修館書店）など。

編著　『柳田國男未採択昔話聚稿』（二〇〇二年、瑞木書房）など。

共編　『日本伝説大系』全十七巻（一九九〇年、みずうみ書房）によって第四十四回毎日出版文化賞特別賞。他に『昔話伝説小事典』（一九八七年、みずうみ書房）、『日中昔話伝承の現在』（一九九六年、勉誠社）、『日本説話小事典』（二〇〇二年、大修館書店）等がある。

［カバー写真］

永代橋（戦前絵葉書ライブラリー。土木学会蔵）

江戸《えど》東京《とうきょう》の噂話《うわさばなし》　「こんな晩《ばん》」から「口裂《くちさ》け女《おんな》」まで

©Junichi Nomura　2005　　NDC388　226p　20cm

初版第一刷——二〇〇五年二月一日

第二刷——二〇〇五年三月一日

著者——野村純一《のむらじゅんいち》

発行者——鈴木一行

発行所——株式会社大修館書店

〒一〇一-八四六六　東京都千代田区神田錦町三-二四

電話０３-３２９５-６２３１（販売部）

０３-３２９４-２３５３（編集部）

振替００１９０-７-４０５０４

［出版情報］http://www.taishukan.co.jp

装丁者——山崎　登

印刷・製本——図書印刷

ISBN 4-469-22169-4　Printed in Japan